Come*fare*

Roberta Cavallo – Antonio Panarese

SMETTILA DI FARE I CAPRICCI

Come risolvere i capricci di tuo figlio senza urla o sgridate, anche se pensi di averle già provate tutte

MONDADORI

www.bimbiveri.it
info@bimbiveri.it

Smettila di fare i capricci
di Roberta Cavallo – Antonio Panarese
Collezione Come*fare*

ISBN 978-88-04-65527-5

I edizione maggio 2015
Anno 2015 - Ristampa 2 3 4 5 6 7

INDICE

Le basi

SMETTILA DI FARE I CAPRICCI

Le basi

In questo libro ci rivolgeremo al bambino in generale, utilizzando il genere maschile e il singolare. Lo facciamo per comodità, volendo intendere con questo termine sia i bambini sia le bambine, sia i figli maschi sia le figlie femmine, sia i figli unici sia quelli con fratelli o sorelle. La scelta non vuole essere discriminatoria, anche perché confidiamo in un genere femminile (e maschile) così sicuro del proprio valore e del proprio ruolo da non badare a questi dettagli.

capitolo 1

COME ABBIAMO SCOPERTO LA VERA CAUSA DEI CAPRICCI (UNA STORIA TURBOLENTA)

Questo è un libro ottimista e speranzoso, pensato per rendere migliore la tua vita. Parte dal principio che, se vuoi, puoi ottenere molto di più dalla relazione con tuo figlio. Non importa chi sei, da dove arrivi, come è stata la tua infanzia, che lavoro fai o quanto tempo hai: puoi sempre volere e ottenere il meglio da te e dal tuo bambino.

Dopo anni di corsi, consulenze ed esperienze dirette sul campo possiamo testimoniare di aver visto moltissimi genitori più sereni, sicuri e felici del rapporto con i loro figli e moltissimi bambini "capricciosi" trasformarsi in "placidi angioletti" per la loro serenità e solarità.

Tutto questo senza bisogno di imparare metodi difficili, seguire strane ricette o subire addestramenti: semplicemente, osservando meglio il bambino, seguendo la sua natura innata e risvegliando l'istinto genitoriale e il buon senso.

Per esperienza sappiamo che oggi difendere il buon senso o l'intuito può rappresentare una sfida all'opinione comune. Basti pensare a come noi stessi, a volte, resistiamo all'istinto di prendere in braccio il nostro bambino che piange o, ancora, all'idea che i bambini non facciano i capricci ma manifestino dei bisogni, che non infilino le dita nella presa per farci arrabbiare o per provocarci, bensì per sperimentare e per scoprire. Alcune di queste cose sembrano proprio un controsenso, almeno all'inizio.

Ma il successo che molte mamme e molti papà hanno ottenuto seguendo semplicemente i principi naturali e i bisogni del bambino ci spinge a sostenere con sempre più forza e convinzione che crescere dei figli sereni e instaurare con loro un rapporto privo di conflitti è possibile, e che tutto questo è ben lontano dal sembrare un approccio troppo morbido o mieloso da cui usciranno adulti rammolliti e privi di spina dorsale. Proseguendo nella lettura, il concetto ti sarà molto più chiaro.

La natura sa già tutto dalla notte dei tempi e ci ha creati con le soluzioni a portata di mano (tra un po' leggerai una bella storiella in merito). La sfida, per noi, è tornare ad ascoltarla, trarre tutti i benefici che ci mette a disposizione e decondizionarci da tutto ciò che è innaturale e poco efficace.

In questo libro non faremo altro che rendere manifesti i processi naturali di crescita dei bambini e dei ragazzi, esplicitarti i loro bisogni, spiegarti in modo semplice e pratico le risposte da dare in modo da evitare non solo i capricci, ma anche lotte di potere e scontri all'interno della relazione.

Semplificando la teoria, eliminando i tecnicismi e le etichette, vogliamo metterti a disposizione una via più concreta, realistica ed efficace per risolvere i conflitti e le incomprensioni con tuo figlio. A mano a mano che andrai avanti, ti accorgerai che nella maggior parte dei casi i concetti astratti legati all'educazione (deve fare così, deve fare cosà, deve comportarsi così, deve essere cosà ecc.) sono del tutto inutili. Al contrario, siamo convinti che imparare a osservare ciò che il bambino ci dice o manifesta con il suo comportamento e la volontà di metterci a disposizione pur rispettando il nostro ruolo genitoriale sia molto più utile e appagante per tutti. La nostra intenzione è di aiutarti a migliorare la qualità della vita tua e di tuo figlio; e dato che la vita è fatta dei momenti che trascorri con lui e delle cose che fate insieme, è anche quella di fare del vostro tempo un tempo utile alla crescita ma pur sempre in un'atmosfera di gioia e serenità, perché amore e educazione possono viaggiare sullo stesso binario e coesistere nello stesso istante.

Alcuni dei nostri suggerimenti, se li metterai in pratica, funzioneranno subito, altri solo dopo qualche tempo. Alcuni saranno facili e immediati, altri un po' più complessi e richiederanno più impegno. Nonostante questo, possiamo assicurarti che ne vale la gioia (e non solo la pena):

SEGUIRE LA NATURA DEL BAMBINO PORTA
RISULTATI DURATURI NEL TEMPO
E RENDE IL RUOLO DI GENITORE
MOLTO MENO FATICOSO.

Questo libro non vuole insegnarti nulla. Tutto ciò che vogliamo fare è aiutarti a risvegliare il tuo istinto naturale, il tuo buon senso e le conoscenze innate che fanno di te il genitore migliore che tuo figlio possa desiderare.

Proprio come una mamma gatta non ha bisogno di istruzioni per crescere i suoi cuccioli, così anche tu puoi attingere alle tue risorse innate. Basta che accantoni i preconcetti educativi che ti condizionano da anni e ti impediscono di vedere un dato fondamentale: la natura del bambino ti dice tutto. Devi solo osservarla, e sarà lei stessa a farti capire la risposta che tuo figlio desidera, l'unica di cui ha bisogno in quel momento.

Andando avanti nella lettura troverai molti esempi pratici e molti suggerimenti utili. Ma vogliamo essere sinceri: leggerli non ti cambierà la vita. La vera differenza starà nel riuscire a cogliere il senso profondo delle nostre parole, a farlo tuo e ad applicarlo con costanza, perseveranza e apertura di cuore ogni giorno. Solo così delle parole scritte sulla carta potranno concretizzarsi e aiutarti a migliorare la tua vita di genitore.

Forse riterrai che alcuni nostri consigli siano assurdi, inefficaci, contro ogni regola e a svantaggio di una buona educazione. Di certo non siamo qui per costringerti a pensarla diversamente, ma possiamo garantirti che ogni suggerimento che leggerai è supportato dalla nostra personale esperienza e dalla pratica quotidiana. Ogni volta che abbiamo dovuto risolvere le difficoltà legate a un bambino, l'unica strada veloce, sicura ed efficace era quella che si avvicinava alla sua natura, che prendeva in considerazione le sue esigenze. Non ha mai fallito, ed è quella che stai per scoprire.

A questo punto, da scaletta, dovremmo raccontarti la nostra storia e la nascita di Bimbiveri. A tutto questo abbiamo deciso di aggiungere qualcosa che arriva dalla nostra intima esperienza di quel periodo. Se non vuoi rileggere la nostra storia "ufficiale" perché la conosci già, salta qualche pagina e vai direttamente a "Dal diario di Roberta. Un pezzo di storia non ufficiale".

La storia di Bimbiveri

Ci siamo conosciuti nel 2006 frequentando la stessa scuola di formazione, L'Oasi Naturale di Angela Pedicone, un percorso di studi finalmente in linea con le nostre passioni. Angela era un'ex infermiera pediatrica che aveva lavorato come caposala al Regina Margherita di Torino, e fra l'ospedale e le consulenze genitoriali come naturopata aveva trascorso gli ultimi vent'anni della sua vita a testare e appurare, attraverso l'osservazione dei principi della natura, ciò che veramente funziona con i bambini.

Aveva una capacità formidabile di "leggere dentro" i bambini e gli adolescenti e di risolvere le difficili situazioni che le sottoponevano le mamme.

Il centro per bambini in affido familiare

Nel 2008, insieme ad Angela, decidiamo di fondare un centro residenziale per bambini in affido familiare, collaborando con gli assistenti sociali e gli psicologi di Torino, Casale Monferrato, Leinì e Viterbo e svolgendo a tempo pieno docenze formative e consulenze. In particolare, affiniamo tutta la parte tecnica e teorica attraverso il contatto quotidiano con bambini disabili o affetti da disturbi comportamentali, confrontandoci con le scuole statali e dell'infanzia per il non facile inserimento degli allievi disagiati a scuola e affrontando ogni giorno le dinamiche comuni a tutti gli operatori e a tutte le mamme: dalle malattie pediatriche al sonno dei neonati, dalla gestione quotidiana della disabilità fisica alla relazione con i bambini del centro, dallo svezzamento alla difficoltà di fare i compiti.

All'interno del centro conduciamo anche un'esperienza triennale di istruzione familiare, accompagnando i piccoli in un percorso educativo capace di affiancare ai contenuti scolastici previsti dal ministero l'uso di una metodologia più in sintonia con la loro essenza. La metodologia prevede un contatto più diretto con la natura, una serie di esperienze pratiche attraverso cui il bambino possa arrivare a un apprendimento diretto e non indotto delle cose e l'utilizzo della maieutica socratica per aiutarlo a "tirare fuori" il bagaglio di conoscenze che è già dentro di lui. Grazie a questo metodo, bambini che avevano subito traumi in periodo scolare, che avevano sviluppato una forte avversione nei confronti dell'autorità e che mostravano gravi deficit di attenzione o totale disinteresse per la scuola, hanno ritrovato il piacere di imparare nel rispetto degli altri coetanei, maturando nuovamente fiducia negli adulti e soprattutto in se stessi e nelle proprie capacità.

In questo libro troverai la descrizione di molti casi simili e di come sono stati affrontati. È stata proprio l'esperienza massiva di quel periodo a renderci così sicuri e a permetterci di comprendere la causa dei disagi nell'infanzia e nell'adolescenza: cinque anni nel corso dei quali abbiamo avuto in totale ventotto bambini e sei mamme in affido. Una full immersion che ci ha dato modo di avvicinarci alla loro vera natura, di capire ciò che funziona e ciò che invece è deleterio per loro e per il rapporto con i genitori.

Come puoi immaginare, si trattava per la maggior parte di situazioni limite: donne maltrattate dai mariti, bambini abusati, disabili, sotto psicofarmaci perché definiti disadattati, affetti da autolesionismo o maltrattati fisicamente e verbalmente fin dalla più tenera età. Impossibile dimenticare gli sguardi di alcuni di loro. Molti, quando arrivavano da noi, non si lasciavano toccare né accarezzare: ogni approccio fisico suscitava in loro memorie di violenza e sofferenza. A volte ci volevano tre o quattro mesi per riuscire a prenderli in braccio e a fargli le coccole, a loro totalmente sconosciute. A volte ci occorreva anche un anno per modularne le attitudini aggressive e violente ereditate dal passato. Alcuni, all'inizio, erano in preda a una tale disperazione da aggredire con calci e pugni perfino noi, ma vederli fare pian piano progressi e liberarsi delle ferite, osservarli mentre riprendevano a sorridere, a giocare liberi e più fiduciosi è stata sempre una vera gioia.

Un altro tema scottante era l'alimentazione: anche in questo caso, armandoci di tanta pazienza, siamo riusciti a ridare un senso ai loro pasti e a fargli scoprire che oltre ai würstel, agli hamburger, alle patatine surgelate e alle merendine industriali esistevano anche i cereali, le verdure, persino la frutta. Se i principi della natura hanno funzionato e hanno ridato la libertà di sorridere a questi bambini e a questi ragazzi, allora possono funzionare con tutti.

Nell'anno scolastico 2009-10 abbiamo avuto la gioia di condurre, a seguito del bando indetto dalla Regione Piemonte, il corso di aggiornamento "La Via Naturale: lo sviluppo emotivo del bambino secondo natura". Rivolto agli insegnanti delle scuole dell'infanzia, il corso ha coinvolto il personale di alcune scuole statali delle province di Torino e Asti.

La morte di Angela Pedicone e il nuovo ciclo

All'inizio del 2010 si apre un nuovo capitolo della nostra storia: Angela si ammala gravemente. Per circa un anno il nostro trio si divide. Io, Roberta, continuo a portare avanti le attività a tempo pieno, impegnandomi anima e corpo e lavorando anche diciotto ore per sopperire all'emergenza del momento, mentre Antonio e Angela abbandonano provvisoriamente la struttura per occuparsi a tempo pieno della salute di quest'ultima. Nell'ottobre del 2010 Angela ci lascia.

Anche se siamo preparati al peggio, l'arrivo della notizia da parte di Antonio, che l'ha accompagnata in tutte le fasi della malattia e durante il passaggio, è uno tsunami emotivo per tutto ciò che Angela rappresentava: un'amica, una maestra, un esempio di persona matura e consapevole che aveva sempre la soluzione per tutto e una capacità intuitiva straordinaria di comprendere e sciogliere i disagi dei bambini.

Dopo la partenza di Angela ci chiediamo se dobbiamo andare avanti o mollare tutto. In quel periodo mettiamo in discussione la nostra vita: decidiamo di chiudere nel giro di uno o due anni i progetti che abbiamo avviato per trasferirci definitivamente su un'isola e ritrovare la pace e la serenità perdute.

Mentre riorganizziamo le nostre attività e ci prepariamo al trasferimento, però, accade qualcosa dentro di noi: i risultati ottenuti dagli allievi con i nostri corsi di formazione, le difficoltà dei genitori risolte grazie alle consulenze, i benefici ottenuti dal contatto quotidiano con bambini disabili o affetti da disturbi comportamentali, la consapevolezza dei danni di un approccio educativo sempre più diffuso e della mancanza di sensibilità nei confronti dei bambini fanno rinascere in noi il desiderio di continuare a diffondere le conoscenze lasciate da Angela e di portare avanti le sue ricerche nel campo dell'infanzia e dell'adolescenza.

La nascita di Bimbiveri e i nostri primi due libri

Conclusa la collaborazione con gli assistenti sociali fondiamo Bimbiveri, la società di formazione specializzata in corsi per la crescita felice dei bambini secondo natura, e riprendiamo le attività di consulenza a tempo pieno. Poi, dagli ultimi anni di esperienze, studi assidui e verifiche sul campo, arriva l'intuizione fondamentale: la "mappa per la crescita felice", in cui formuliamo le abilità necessarie ai genitori per crescere un bambino nella serenità e nella gioia. Per dare la possibilità a tutti di conoscere le nostre esperienze, decidiamo di affiancare alla mappa un libretto di istruzioni: nasce così *Smettila di reprimere tuo figlio*, diventato bestseller con 10.000 copie vendute nei primi sessanta giorni e rimasto al primo posto in classifica per diversi mesi. Dopo un anno, nell'ottobre 2014 è uscito il nostro secondo libro, *Le 7 idiozie sulla crescita dei bambini*.

In occasione di queste due uscite abbiamo organizzato il tour "La formula per la crescita felice", cui hanno partecipato 2500 persone.

Una delle scelte più importanti

La decisione di fondare il centro per i bambini in affido è stata una delle scelte più importanti della nostra vita. Trascorrere ventiquattro ore su ventiquattro a contatto con bambini e adolescenti fra i pochi mesi di vita e i 17 anni di età ci ha permesso di acquisire un'enorme esperienza e di sperimentare sul campo ciò che è davvero risolutivo per i bambini emotivamente feriti e ciò che garantisce loro una crescita serena e gioiosa.

La crescita che, in verità, ogni bambino ha il diritto di vivere.

DAL DIARIO DI ROBERTA

UN PEZZO DI STORIA NON UFFICIALE

Saranno state circa le due di notte.

Ormai dormivano tutti, anche gli ultimi incubi notturni erano stati allontanati e io mi ritrovavo in cucina, come spesso accadeva in quel periodo, a preparare il pane e a portarmi avanti con qualche pietanza per il pranzo o la cena del giorno dopo. Era luglio e in fondo non mi dispiaceva lavorare di notte, fuori era fresco e potevo godere di quel silenzio surreale, impensabile di giorno, fra i giochi, le liti, i pianti, le urla e le risate abituali.

Una calma rigenerante, così lontana dai ritmi quotidiani in cui il tempo la fa da padrone e tu non fai altro che correre per portarli a scuola, andarli a prendere, accompagnarli di qua o di là, e poi il pranzo, la merenda, la cena, i compiti, le coccole, vestirli, cambiarli, giocare, intrattenerli, risolvere le liti, trovare sempre qualcosa di nuovo per farli divertire... Quella notte ero piacevolmente affaccendata e senza pensieri, quando a un tratto, coprendo la ciotola con il pane a lievitare, mi è balzato un pensiero in testa: "Perché sto facendo tutto questo? Perché non sono in camera mia a dormire? Perché non ho una vita come tutti gli altri?

"La verità è che sono stanca, molto stanca. Ho paura. Paura che qualcosa vada per il verso sbagliato, paura di fare passi falsi. Chi mi garantisce che andrà davvero tutto bene? Chi me lo fa fare? Sulle mie spalle ho la responsabilità di tutti questi bambini disagiati, in alcuni casi anche delle loro mamme... Perché tutto questo? Perché non tornare alla vita di prima: sola, un buon lavoro, molto più tempo per lo svago, per lo studio, per coltivare i miei interessi?".

Angela ci aveva lasciati per sempre. Ormai non potevo più confidarle i miei pensieri, le mie paure e le mie speranze, ricevere una parola di conforto, un aiuto concreto, un sostegno nelle difficoltà, nella condivisione delle responsabilità quotidiane. Che tristezza! Ogni tanto mi capitava di vederla ancora seduta su quella sedia a organizzare progetti davanti al computer, a definire le sorti dei bambini in qualche ufficio dei servizi sociali oppure fuori, in cortile, a giocare con loro, a consolarne qualcuno o a far passare qualche mal di pancia. Non era più così, e spesso quel peso era davvero grande da sostenere. Allora, che cosa mi spingeva ad andare avanti comunque?

Me lo chiesi anche quella sera. In effetti, anche nei momenti più difficili, quando tra le lacrime volevo mollare tutto (è successo spesso, più spesso di quanto si possa immaginare), c'è sempre stato qualcosa che mi ha spinta ad andare avanti. A volte erano le incombenze quotidiane a cui non potevo dire di no (non avevo tempo di pensare a me, facevo quello che c'era da fare e mi dimenticavo del resto), a volte era una gioia che mi trovavo a vivere e che finiva per scacciare tutte le mie pene. E fu questo che pensai quella sera. Le difficoltà e i problemi erano tanti, ma le paure, la stanchezza, l'ansia e l'insoddisfazione sono emozioni umane; al di là di questi stati d'animo, credo sinceramente che con lo spirito e la forza d'animo giusti possiamo individuare chiaramente i nostri obiettivi, il senso della nostra vita, del nostro progetto, e fare di tutto per portarlo a termine. La vita è un fiume inarrestabile: per quanto lungo sia il tragitto, alla fine ti porta sempre al mare, e se tu continui a puntare ostinatamente in quella direzione senza mai distogliere lo sguardo, se ti lasci trascinare e contribuisci con tutte le tue forze al viaggio, prima o poi riuscirai a raggiungere la tua destinazione. Sapevo a grandi linee quale fosse il mio progetto di vita, e allora il mio pensiero fisso era uno: tutti i bambini che in quel momento vivevano con me e che mi sforzavo di crescere al meglio, tutti i bambini che ora ridevano e ora piangevano, che un attimo prima giocavano tranquilli e l'attimo dopo, presi da una furia distruttiva, combinavano disastri, tutti quei bambini difficili, definiti a volte dei disadattati, avevano un cuore puro e un loro progetto personale da realizzare.

Era questo, in fondo, il mio motore: aiutarli a essere se stessi, a sanare le loro ferite, a riempire i loro vuoti, a ritrovare la fiducia in se stessi, nella vita e negli adulti, ridare a tutti loro l'opportunità di vivere sereni, di imparare a capire che cosa volevano e come andarselo a prendere.

Era questo che mi faceva alzare ogni mattina nonostante la stanchezza: sapere che in quel momento ero l'unico porto sicuro, l'unica ancora a loro disposizione. Non era sempre facile, ma anche nei momenti più duri un loro sorriso, un piccolo cambiamento, una loro parola e, perché no, anche i loro pianti liberatori mi davano la certezza che sarebbe servito a qualcosa. Oggi quei bambini sono cresciuti e stanno proseguendo il loro cammino da qualche parte. Anche se un domani dovessero dimenticarsi del pezzetto di strada percorso insieme o ricordare, come spesso accade, soprattutto i momenti tristi, so che quello che abbiamo fatto non è stato invano ed è servito a preparare un buon terreno per il loro futuro.

DAL DIARIO DI ANTONIO
UN ALTRO PEZZO DI STORIA NON UFFICIALE

Mentre Roberta lavorava la pasta in cucina, i quattro bimbi in casa con noi discutevano animatamente sulla forma da dare alla pizza, su quali ingredienti mettere, quanto grande farla... e l'attesa cresceva. Tutti già pronti in postazione, con le mani superpulite, il cappello in testa e il grembiule ben legato dietro la schiena. Era l'ora della pizza con Roberta, e io osservavo la scena sbirciando dentro la cucina dall'angolo in cui ero seduto e che avevamo predisposto come ufficio.
In men che non si dica, ecco arrivare i primi schizzi di sugo per terra, le risate per chi aveva steso troppo la pasta facendo qualche buco, le verdure gettate a manciate un po' sulla pizza e un po' sul pavimento, e infine la firma, il segno distintivo che avrebbe permesso a tutti di riconoscere la propria creatura dopo l'infornata.
Che cambiamento incredibile: quei quattro bambini, solo pochi mesi prima, erano arrivati da noi spenti, tristi, completamente privi della gioia e della voglia di fare alcunché.
M. non potevi neanche abbracciarlo tanto era inavvicinabile, ora invece si tuffava fra le tue braccia e si lasciava coccolare.
E. non sapeva che altro fare oltre a giocare al suo Nintendo, eppure adesso era lì a scherzare con gli altri e a preparare le sue pizze ciccione, e da giorni ormai non chiedeva di usare il suo videogioco preferito.
F. era arrivato in mezzo a urla, parolacce, crisi di pianto e nervosismo. E ora, dopo l'asocialità degli inizi, eccolo che aiutava la più piccolina a fare la pizza (e sorrideva pure!). Aveva scoperto la sua passione: da grande voleva fare il cuoco, e spesso passava il pomeriggio a leggere libri di cucina.
R. piangeva in continuazione, era stata traumatizzata e picchiata, eppure adesso sorrideva con le mani sporche di farina, il naso rosso di sugo e il grembiule molto più lungo del suo corpicino.
Roberta era in piedi a supervisionare i lavori in corso; per un attimo sembrava quasi aver dimenticato l'uragano emotivo che ci aveva travolti solo poche settimane prima.
A quella scena mancava qualcosa: mancavano tutti i bambini e i ragazzi che su quello stesso tavolo avevano fatto

nascere centinaia di pizze e che, adesso, non erano più con noi. Alcuni erano tornati in famiglia, altri erano stati affidati a nuove realtà dopo che il progetto con noi si era concluso. Ma mancava anche lei.
Mancava Angela, da cui tutto era cominciato.
In quel soggiorno eravamo rimasti solo io e Roberta. Catapultati nel tran tran quotidiano e nel ruolo di genitori affidatari, ogni tanto, la sera tardi, ci chiedevamo cosa fare. Avevamo già cominciato a scrivere *Smettila di reprimere tuo figlio* approfittando del breve silenzio della notte, mentre i nostri bambini dormivano. Non sapevamo ancora se fosse la scelta giusta: tante persone ci chiedevano un libro, ma sarebbe stato apprezzato? Saremmo stati in grado di offrire uno strumento semplice, chiaro e utile alle mamme e ai papà?
Non avevo la risposta a tutte quelle domande. Eppure, osservando i bambini che preparavano la pizza, continuavo a vedere il volto sorridente di Angela in mezzo a loro. Sì, dovevamo andare avanti. Dovevamo continuare a diffondere la nostra esperienza, a trasmetterla a tutte le persone in difficoltà con i figli. C'erano ancora tanti ostacoli e tante sfide da superare.
Mentre i bambini seguivano Roberta in cucina come anatroccoli per accertarsi che la pizza stesse cuocendo al meglio nel forno, sono tornato con gli occhi al mio computer, alle pagine scritte da Roberta la notte prima...

Cosa c'è dietro la nascita di questo libro?

In verità, nessuna grande idea. Non ci siamo svegliati una mattina in preda alla frenesia di pubblicare un nuovo libro. Non abbiamo deciso di scriverne un terzo sulla scia del successo dei primi due. Scrivere è la nostra passione, ma la passione cala subito se non sai cosa o perché scrivere. Questo libro ce lo hanno chiesto i lettori (e forse anche tu che stai leggendo). Tutti sanno cosa sono i capricci dei bambini. Quando parli di capricci, molti (quasi tutti) alzano gli occhi al cielo rassegnati, perché non sanno come risolvere il problema una volta per tutte.

Anche noi, come te, sappiamo cosa sono i capricci. Ricordiamo bene quelli dei bambini che avevamo in affido, e in quel caso la parola "capricci" sembra davvero un eufemismo. Pochi giorni fa abbiamo visto il video di un insegnante che ha ripreso quello che restava di una classe dopo lo sfogo di un bambino iperattivo e aggressivo: banchi, sedie, cartelle, libri e quaderni brutalmente rovesciati a terra, sparsi ovunque.

È stato come rituffarci velocemente nel passato.

Non amiamo raccontare le nostre esperienze più drammatiche, ma la scoperta del modo in cui risolvere i capricci, in effetti, è stata piuttosto turbolenta. Non possiamo negarlo. Grazie ad Angela avevamo imparato a conoscere la natura dei bambini, ma mettere in pratica quei principi non è stato sempre facile all'inizio, anche se oggi ci sembra una passeggiata. Abbiamo incontrato bambini e ragazzi che convivevano con l'impulso di fare del male agli altri, bambini iperattivi, borderline, che si facevano del male usando i propri denti e le proprie unghie, che urlavano, spaccavano giochi, piatti, bicchieri, sedie. Abbiamo usato la fermezza (e sottolineiamo fermezza, non rigidità, durezza o violenza), abbiamo imparato cosa significa riuscire a essere neutrali e a mantenere la calma. Ma non solo. Per ridurre drasticamente il numero di questi episodi, per evitare il manifestarsi indiscriminato di qualsiasi genere di capricci, abbiamo dovuto (e lo abbiamo fatto con gioia) costruire con loro un certo tipo di relazione, e occorrerà tutto il libro per raccontarti come. Nei momenti difficili siamo sempre intervenuti in un modo che cercheremo di trasmettere anche a te, ma soprattutto ci siamo sforzati di arrivare alla causa prima delle loro difficoltà e dei loro disagi.

Se deciderai di applicare questi suggerimenti con costanza e perseveranza, anche tu godrai dei benefici che ne abbiamo tratto noi, e forse addirittura di più. Anche tu avrai più tempo a disposizione, da trascorrere serenamente con i tuoi figli o in cui riposare o sbrigare le faccende di casa. Anche tu smetterai di entrare in tensione, di accumulare ansie, di farti sovrastare dai dubbi ogni volta che tuo figlio farà storie per qualcosa, sarà arrabbiato o non vorrà mangiare.

Anche tu potrai decidere se portare tuo figlio al supermercato o lasciarlo a casa con qualcuno senza scatenare "capricci" (scoprirai presto che non si tratta di un capriccio e come fare in quei casi). Dovrai impegnarti, è vero, ma i risultati saranno davvero appaganti. Non solo per te ma persino per lui, perché non lederanno la sua natura. Te lo diciamo per esperienza: ci siamo passati anche noi.

Cosa faremo insieme in questo viaggio risolvi-capricci

Nei primi cinque capitoli del libro scoprirai perché i capricci non sono comportamenti isterici e inspiegabili. Ti sveleremo la loro vera natura e come comprenderli, spiegandoti concretamente come li abbiamo risolti noi nella quotidianità con i bambini in affido familiare. A mano a mano che procedi con la lettura, inizierai a familiarizzare con una prima arma capace di salvarti la pelle in molte situazioni e che, grazie ai nostri esempi, imparerai rapidamente a utilizzare: l'anticipo del bisogno.

Nel sesto capitolo affronteremo le 11 vere cause dei capricci che ogni genitore deve conoscere per riuscire a risolvere in modo definitivo le incomprensioni e le eventuali lotte di potere. Ti apriranno gli occhi su un nuovo mondo, che tiene in considerazione l'emotività di tuo figlio, i suoi sentimenti e il suo punto di vista (oggi spesso calpestati da metodi freddi e razionali, a misura di adulto e non di bambino, per definizione sensibile e bisognoso di coccole e attenzioni).

Nel capitolo successivo scoprirai gli 8 bisogni supremi dei bambini: stando alla nostra esperienza, sono il vero segreto per capirli in qualsiasi situazione. Li abbiamo condensati e sintetizzati apposta per te: ti aiuteranno a considerare i bambini da una prospettiva completamente diversa, e siamo sicuri che ti daranno più di uno spunto di riflessione.

Nell'ottavo capitolo ci addentreremo in una delle difficoltà più comuni: riuscire a trasmettere a tuo figlio le regole e le buone abitudini, a farti ascoltare senza ottenere in risposta dei no, senza scatenare attacchi di rabbia, urla e capricci... A seguire troverai le quattro chiavi fondamentali per capire come apprendono i bambini. All'inizio potranno sembrarti assurde o non sufficienti, potrai pensare che ci vuole ben altro perché tuo figlio impari davvero a comportarsi in un certo modo. Ma andando avanti con la lettura ti accorgerai che non è così. Forse dovrai superare alcune convinzioni che sono radicate in te: siamo consapevoli che abbracciare un punto di vista differente non è sempre facile. Ma se riesci a seguire queste quattro chiavi, scoprirai che anche tu puoi avere al tuo fianco un bambino che segue le regole, non ribatte, si ricorda le cose (a volte anzi sarà proprio lui a farti vedere come si fanno), memorizza velocemente e senza problemi una lezione, sta lontano dai pericoli, ti dà una mano o collabora nella vita di tutti i giorni (come è successo ai nostri bambini in affido quando bisognava riordinare la stanza dei giochi, apparecchiare, mettere a posto la cameretta ecc.).

Un'utopia? No: è tutto possibile, ed è già predisposto nelle tue corde e in quelle di tuo figlio. Pagina dopo pagina, riga dopo riga, ti sosterremo nel raggiungimento di questo traguardo fondamentale.

Nel decimo capitolo ti spiegheremo perché le soluzioni più diffuse e adottate nei confronti dei capricci non sono solo inefficaci, ma peggiorano la relazione con tuo figlio, logorando la stima che nutre nei tuoi confronti e preparando il terreno per future incomprensioni e ribellioni adolescenziali.

A quel punto potremo passare alle linee guida per affrontare qualsiasi tipo di capriccio. Si tratta di soluzioni pratiche, che ti insegnano a disinnescare i capricci prima che si attivino o a risolverli nel migliore dei modi, facendo sì che tuo figlio si senta amato, compreso e accolto. Quello che imparerai in queste pagine ti aiuterà non solo a eliminare il problema dei capricci, ma anche a costruire su basi più solide la relazione con tuo figlio.

Siamo arrivati all'ultimo pezzo del puzzle: gli *11 capricci più diffusi* (che finalmente saprai come risolvere). Uno dopo l'altro, nel dodicesimo capitolo affronteremo i capricci più temuti dai genitori e capiremo passo passo come smontarli. Eccoli qui in anteprima:

1. Mio figlio piange: cosa posso fare?
2. Come faccio a risolvere i conflitti tra fratelli senza farmi venire la febbre?
3. Perché non spegne mai la TV quando è ora?
4. Perché non riordina le sue cose?
5. Come lo convinco a lavarsi i denti tutte le sere?
6. E se non vuole finire quello che ha nel piatto?
7. Come posso evitare che tocchi cose pericolose (il trucco del genitore cuscinetto)?
8. Riuscirò mai a fargli fare i compiti senza urla e minacce?
9. Posso sperare di farlo vestire e uscire di casa la mattina senza ricorrere ai ricatti?
10. Come evitare i soliti capricci e le richieste estenuanti al supermercato?
11. Come faccio a occuparmi di lui e di tutto il resto nel frattempo?

In realtà, come in ogni gran finale che si rispetti, è previsto anche il dolce... ma per ora non possiamo anticiparti altro. Come avrai capito da questo piccolo assaggio, stai per entrare in possesso di molti strumenti pratici, esempi di vita vissuta che ti aiuteranno a non perderti ma, anzi, accaparrarti quel diritto di nascita che spetta a tutti, anche a te: vivere il ruolo di genitore nel modo più naturale e appagante possibile, sentirti fiero ogni giorno di quello che fai, riuscendo sempre a scivolare fra un capriccio e l'altro come Alberto Tomba ai tempi d'oro fra le bandierine.

E se invece non volessi mettere in pratica quello che troverai scritto?

Se dovessi stufarti ancora prima di iniziare? Se per qualche motivo ti sentissi irritato da qualcosa che non ti piace e seguissi l'impulso di buttare il libro nel cestino o sotto il letto?

Niente di grave. Non accadrebbe nulla. L'idea che non accada nulla può essere rassicurante (se tutto rimane com'è, almeno non rischia di peggiorare), ma anche deludente perché quello che vivi non ti piace affatto.

PERCHÉ SE TUTTO RIMANE COM'È, LE DIFFICOLTÀ
CHE HAI OGGI CON TUO FIGLIO NON SI RISOLVONO:
TU CONTINUI A NON CAPIRE LUI
E LUI CONTINUA A NON CAPIRE TE.

Ma non è soltanto questo. Dal nostro punto di vista, i conflitti si trascinano dietro anche un'altra serie di rischi, svantaggi e spine nel fianco. Per esempio:

- Non ti godi fino in fondo il bello dell'essere genitore.
- Se passi il tempo a dare regole, a risolvere i conflitti con rabbia o tensione, riduci il tempo a tua disposizione.
- A lungo andare perdi la stima e la fiducia di tuo figlio e rischi di raccoglierne i frutti anche in futuro, per esempio durante le incomprensioni tipiche dell'adolescenza.
- Vivi tutti i giorni con l'ansia di tornare a casa e trovarti davanti ai soliti problemi.
- Vivendo perennemente nel dubbio e nella paura di sbagliare riduci sempre di più la tua autostima, ti deprimi e le tue energie calano drasticamente.
- Litigare e discutere con i figli stanca parecchio.
- Arrivi a percepire il tuo ruolo come un peso, la quotidianità come una fatica da affrontare o una guerra da combattere, e questo ti toglie il sorriso e la gioia di vivere, la fiducia in te stesso e nel futuro.

– Non riuscire a risolvere i capricci dei tuoi figli in genere ti porta a lamentarti di loro e della situazione. Il lamento genera pessimismo, il pessimismo genera malumore e finisce per deprimerti.

Ecco quanto costa privarsi dell'opportunità di tentare (anche se noi preferiamo parlare di opportunità di riuscirci, perché tentando e basta non sempre ce la si fa... ☺).

capitolo 2

CRESCERE UN FIGLIO SENZA CONFLITTI E CAPRICCI È POSSIBILE

DAL DIARIO DI ROBERTA
UN BAMBINO VENUTO
DA MOLTO LONTANO

Ero felice di incontrarlo quel mattino. Da qualche giorno, al telefono, dopo la fibrillazione delle settimane precedenti il suo arrivo, la famiglia che lo ospitava non faceva che dirmi quanta "pena" e tenerezza suscitasse da un lato e quanto, dall'altro, fosse difficile da trattare: "Non sta fermo un attimo! Se ci sono altri adulti o altri bambini con noi, inizia a fare il diavolo a quattro! Non ascolta! Ah, non so come faremo... Certo che ci vuole molta pazienza! Vuole mangiare solo schifezze, si ingozza di cicche e caramelle, a pranzo e a cena vuole soltanto pizza, würstel e patatine! Ma non possiamo dargli sempre quella roba, deve imparare a mangiare anche il resto: ci credo che ha tutti i denti cariati, pesa meno di una piuma ed è pallido come un cencio!".
Ascoltavo pazientemente, senza intervenire, consapevole che non era facile ma anche che dietro quel comportamento c'era pur sempre un bambino. Un bambino dolcissimo, tenerissimo, intelligentissimo, simpaticissimo, come tutti gli altri. Grandi occhi vispi color nocciola, capelli corti sul castano chiaro, visino sottile, corporatura asciutta, minuta, nervosa. Ma questa è solo la superficie.
V. è un bambino di 11 anni che vive in un orfanotrofio bielorusso. Non ha idea di chi sia suo padre, alla madre è stata

tolta la patria potestà, di tanto in tanto vede e frequenta la nonna. Da tre anni, per tre mesi all'anno, viene ospitato in Italia da una famiglia che si prende cura di lui e che conosco bene per via di uno stretto legame di parentela.
Quando V. è in Italia, da un lato avverto nella famiglia un forte desiderio di coinvolgermi, dall'altro so di essere vista – a volte più, a volte meno velatamente – come una pazza scriteriata che tende a viziarlo e gli impedisce di imparare le regole. Io mi limito a osservare e non me ne preoccupo, perché il tempo mi sta dando ragione.
Il mattino del nostro primo incontro fuori faceva freddo. Lui era in salotto, davanti al camino, a giocare con le costruzioni sul tappeto. Anche la tuta blu nuova di zecca e le pantofoline di lana cotta sembravano fatte apposta per scaldare il suo cuoricino. Per me è andata come sempre: uno sguardo, un sorriso e la solita sensazione che faceva capolino. È stato amore a prima vista.
Anche questa volta, tutto da ricominciare: per gli altri, un bambino da educare, da "afferrare", da rimettere un po' in riga; per me, un bambino da amare, da aiutare, da capire, un'altra natura da assecondare. Come fare? Come sempre, come tutte le volte: con la pazienza, la lucidità e la disponibilità che mi hanno sempre permesso di infilarmi nel gioco e cambiare le carte in tavola.
Lui non sfida solo gli altri, sfida anche me. Qual è la differenza? Io non reagisco e sorrido. Sempre. Perché arrabbiarmi, del resto? So che non ce l'ha con me. So che non ha ricevuto nessun sostegno, nessun esempio, che ha tanta rabbia e un senso di ingiustizia gigantesco da liberare. Se proprio dovessi prendermela con qualcuno, dovrei farlo con gli adulti che lo hanno messo al mondo o con quelli che lo seguono durante l'anno, interessati solo al fatto che faccia il bravo e così poco attenti alla sua emotività.
Qual è l'altra differenza fra me e gli altri? Non pretendo che lui impari a comportarsi "in modo adeguato". Mi rendo disponibile ad ascoltare i suoi bisogni: se ha voglia di sfogarsi e di fare il matto, gli dico, può farlo e io lo capisco (non succede niente se un bambino per qualche giorno ha bisogno di correre, di fare la lotta o di rompere scatole di cartone per sfogare la rabbia).

Un'altra differenza? Se vuole le caramelle, non solo gliene do una per occhio, ma anche una per orecchio e una per tasca. So che molti pensano che tutto questo sia follia pura. Ma so anche che in realtà ha un senso, una sua utilità.
Lo saluto subito con un sorriso caloroso, dicendogli quanto sono felice di conoscerlo, che l'ho aspettato tanto e che non vedo l'ora di giocare con lui: in realtà, aggiungo, sono proprio lì per questo (far sì che il bambino senta da subito la nostra sincera disponibilità nei suoi confronti è un ottimo punto di partenza). Giusto il tempo di togliermi la giacca, e sono già seduta anch'io sul tappeto a incastrare pezzi di Lego, a sorridergli, a guardarlo negli occhi e a chiedergli di farmi vedere come vuole che giochiamo insieme (durante il gioco, assecondare il bambino seguendo i suoi interessi, le sue curiosità e i suoi desideri aumenta i punti a nostro favore ed evita estenuanti richieste di avere questo o quell'altro, di poter toccare tutto o di andare dappertutto. Una volta soddisfatti, infatti, il desiderio o la curiosità del bambino non richiedono ulteriore dispendio di attenzione o di energia. Si passa ad altro senza quella "foga ossessiva" che molti adulti conoscono e davanti alla quale non sanno come comportarsi).
La sua storia lo ha reso un bambino pieno di vuoti affettivi, come nel caso di molti altri bambini: so che ha bisogno di essere guardato, ascoltato, che non vuole fare nulla senza che un adulto lo veda e lo consideri. Se serve, perché non farlo? Per quanto tempo? Finché le sue parole e il suo comportamento non ci avranno detto che le cose stanno cambiando: gioca e si agita come un forsennato ma sa anche stare tranquillo, assaggia nuovi cibi, non ha paura di andare in bagno da solo, riesce a giocare con altri bambini senza l'intervento di un adulto, chiede molti meno giochi e dolciumi, ci dice che ci vuole bene, è affettuoso, non ha paura di comunicare quello che sente, sa aspettare senza spazientirsi. (Con V. il cambiamento ha iniziato a manifestarsi a partire dal suo secondo anno in Italia.)
Ovunque vada, ovunque mi sposti, gli domando se vuole venire con me, gli spiego e gli racconto cosa faccio. Se mi chiede di accompagnarlo al piano di sopra perché da solo ha paura, invece di dirgli che i bambini grandi non hanno

paura, gli rispondo: "Certo, eccomi, ti accompagno". Sapendo che adora la pizza, nei primi giorni dopo il suo arrivo gliela cucino o gliela compro spesso. Poi, quando ho già iniziato a guadagnare la sua fiducia, mangio con lui e lascio che osservi cosa mangio (verdura, frutta, minestra ecc.). Al momento non insisto perché faccia lo stesso e non mi imbarco in filippiche inutili sull'alimentazione sana e naturale (che barba!). Dopo qualche giorno di osservazione, inizia lui stesso a chiedermi di poter assaggiare.
Perché lo fa? Forse perché non gli ho rotto le scatole? In parte sì, ma soprattutto perché ha capito che di me si può fidare, ha iniziato a stimarmi e, per natura, segue il suo istinto, che lo spinge a volermi imitare.
Anni dopo, la sera, chiede ancora di poter dormire con me. Ma a 10 anni non si dorme più nel lettone... Io me ne infischio e rispondo: "Certo! Ci leggiamo anche una bella favola, cantiamo la ninna nanna a Tigro (il pupazzetto storico che gli fa compagnia ogni notte) e, se vuoi, ci facciamo anche qualche coccola!". All'inizio quest'ultima frase lo lasciava impietrito: coccole? Se lo abbracciavo o lo accarezzavo si irrigidiva e si tirava indietro. Ancora oggi, se un adulto allunga il braccio per fargli una carezza, si ritrae istintivamente per paura di ricevere botte.
Ma la natura del bambino è sensibile, votata all'apertura e consapevole dell'importanza di avere un adulto come guida, capace di sostenerlo per il tempo necessario a irrobustire da solo le proprie ali. Ed ecco che con pazienza, ogni giorno, facevo lo stesso lavoro dell'acqua con la roccia: tante piccole gocce che, a forza di scorrere, levigano anche il diamante più duro. Oggi V. adora farsi coccolare e ricambia, inizia a maturare dentro di sé l'amore per gli altri, oltre a ricevere ha imparato anche a dare. In effetti c'è una domanda che mi pongo spesso: come fa un bambino a dare se non ha potuto ricevere in termini di amore e attenzione quanto avrebbe voluto?
E quando devo proprio dirgli di no su qualcosa, che cosa faccio? Gli dico di sì lo stesso?
Anche se alcuni pensano il contrario, pur amando i bambini e la loro felicità, non sono una teorica del *laissez faire* incondizionato, del lasciargli fare quello che vogliono. Non penso

che dargli dei limiti equivalga a metterli in catene. Non sono neppure contraria alle regole e ai no: anzi, li considero degli ancoraggi necessari per il bambino, degli argini preziosi che, se ben scelti e mai troppo rigidi, possono garantirgli quella sicurezza che molti di noi, a causa di un'educazione troppo lassista o troppo rigida, non hanno potuto maturare. Se so che ama i videogiochi al computer, per esempio, dopo aver scelto i giochi adatti alla sua età e restando con lui per monitorare la situazione, sono io stessa ad anticipare il suo bisogno e a proporgli, in uno o due momenti della giornata: "Vuoi giocare al computer? Vieni che lo accendiamo!". Dopo un quarto d'ora o venti minuti mi avvicino, gli chiedo se si sta divertendo e gli dico: "Gioca pure tranquillo, tra un po' vengo a chiamarti per spegnere".
Dieci minuti dopo mi avvicino di nuovo ed esordisco dicendo: "Din don! Eccomi, sono arrivata: è ora di spegnere! Cosa stai facendo? *Mmmh*... è un momento decisivo... Finisci pure tranquillo: io sto qui con te, ti aspetto, ti guardo e poi spegniamo" (di solito passano circa due minuti e la partita finisce, non ci vogliono ore). Anticipando il suo bisogno, evitando la rigidità, mettendoci in empatia con lui e con le sue esigenze, facciamo sì che il bambino si senta amato e capito e abbia più voglia di collaborare.
Con V., in effetti, va proprio così: spegne il computer e passiamo ad altro. Chi la ritiene una cosa impossibile o lontana dalla realtà, forse non ci ha mai provato davvero. O, probabilmente, si rapporta al bambino con aspettative precise ("Deve andare come dico io!"), con impazienza ("Speriamo di convincerlo in fretta!"), con timore ("E se non ci riesco, e se non mi ascolta?"), con nervosismo ("Che seccatura, con tutto quello che ho da fare!").
In altre parole, tutte le volte che devo dirgli di no lo faccio con dolcezza, cercando di considerare i suoi tempi e il suo punto di vista, dandogli la libertà di dirmi che non è d'accordo e rispondendogli che lo capisco, ma restando ferma (ferma, non spazientita, dura o arrabbiata) nella mia decisione. E dato che non si tratta di una decisione arbitraria, lui lo sente e lo apprezza. Se gli dico, per esempio: "Dammi la mano, non attraversare da solo, lo facciamo insieme così vedi come si fa", lui avverte il senso del pericolo e mi segue

naturalmente. Se invece dico: "Adesso smetti di giocare perché lo dico io", senza un vero motivo (non è ora di cena, non bisogna uscire, non c'è nient'altro di divertente da fare), lui lo sente e, probabilmente, si ribellerà al mio diktat (vale lo stesso per una caramella o per dieci minuti di televisione in più: non hanno mai fatto morire nessuno, sono ben altre le cose che "uccidono" l'infanzia di un bambino).
E se le cose non vanno così? Se V. si impunta e dice che non vuole spegnere? Se, peggio ancora, si mette a piangere?
All'inizio è successo. Non solo con lui, ma anche con tanti altri bambini. È normale: se si sentono incompresi o privati delle giuste attenzioni, presto o tardi si sfogano, si ribellano, piangono, urlano, dicono anche loro di no.
Ma quella volta, con V., non sono più alle prime armi. Mi sento assolutamente sicura della mia decisione, così riesco a mantenere la calma. So che può non essere semplice, ma mi sforzo di farlo e di non perdere il sorriso amorevole di sempre (messaggio: "Non ti preoccupare, io la calma non la perdo, ho tutto sotto controllo, e se invece tu il controllo lo stai perdendo c'è qualcuno pronto ad accoglierti e a gestire la situazione"). Non mi allontano da lui o dalla stanza aspettando (e sperando) che la smetta. No. Rimango con lui, lo guardo negli occhi e gli dico: "Amore, lo so che sei tanto arrabbiato, ti capisco, hai ragione. Con questi pantaloni non vuoi proprio uscire... Mannaggia!". E poi?
E poi aspetto, seduta o in piedi, vicino a lui, respiro e mi chiedo quale può essere la motivazione profonda che lo spinge ad agire così. In questo caso, so che in realtà il problema non sono i pantaloni, ma il suo bisogno di piangere e sfogare la rabbia (a volte invece i bambini lo fanno perché si sentono trascurati da mamma e papà in altri momenti della giornata).
Lascio che si arrabbi, e poi gli chiedo perché non vuole quei pantaloni. Se me lo dice bene, altrimenti non importa, non insisto. Dopo qualche minuto, la situazione prende una piega diversa: V. non è più così nervoso, inizia a calmarsi. Gli dico: "Mi dispiace, ma i pantaloni per uscire sono questi. Cosa possiamo farci? Ah, giusto, non ci avevo pensato: puoi uscire in mutande, no? (glielo propongo sorridendo, in modo che sappia che sto sdrammatizzando). Guarda un po', mi

era proprio sfuggito... Ma allora sei pronto: metti le scarpe e andiamo!" (preso alla sprovvista, dopo aver avuto modo di liberare la sua emozione, se l'adulto non si innervosisce, non si identifica, non ha aspettative e non dà la sensazione di prendersi gioco di lui, il bambino si calma, si sente capito, accolto, e modifica il suo atteggiamento). V. mi guarda, sorride all'idea di uscire in mutande. Io insisto: "Su, dalli a me quei pantaloni, per oggi li metto io..." (sono "seria" mentre glielo dico). V. mi guarda di nuovo, mi prende i pantaloni dalle mani per infilarseli, si mette le scarpe e usciamo. Cosa porto con me da questa esperienza che prosegue tuttora con gioia e da tutte le altre che sono ormai parte del passato?

PORTO LA CERTEZZA CHE CRESCERE
UN BAMBINO SENZA CONFLITTI
È POSSIBILE.

Che non perdere la pazienza e non identificarsi è possibile. Che imparare dall'esempio è possibile. Tutto quello che so è frutto di attente osservazioni e di una pratica costante e paziente. Ogni volta che mi sono allontanata dalla natura del bambino pensando di poter fare di testa mia, mi sono sempre messa nei pasticci e ho percepito l'assenza di una piena sintonia fra noi. Se invece sai cogliere la loro natura, come ascoltarli e come sostenerli, i bambini non hanno motivo di ribellarsi: ti seguono e ti danno retta. Ma il punto fondamentale per me non è questo: è riuscire a creare la fiducia e la stima necessarie affinché il bambino possa rispecchiarsi in noi, nel nostro lato "supereroe" (che tutti abbiamo), e arrivi a riconoscere nel tempo le *sue* qualità di supereroe, i *suoi* talenti, le *sue* debolezze (tutti i supereroi ne hanno), imparando a manifestarli, a gestire le proprie emozioni, a divertirsi e anche ad assumersi le proprie responsabilità. In una parola, a diventare un individuo maturo e consapevole.

Questa breve storia di vita vissuta ti mostra che è possibile abbracciare i bisogni del bambino mantenendo al tempo stesso il tuo ruolo, dando dei limiti e dicendo dei no.

Da questa esperienza emergono già gli strumenti fondamentali che avrai modo di approfondire nel libro.

- *Usa pazienza e disponibilità*: questi attributi dell'amore sono fondamentali affinché possa iniziare e continuare a fidarsi di te.
- *Evita di reagire e sorridi di più*: la reazione emotiva (per esempio arrabbiarti o innervosirti) è indice di debolezza. L'ascolto delle tue emozioni e la capacità di gestirle, invece, no. Tuo figlio impara dall'esempio.
- *Evita di pretendere che faccia qualcosa per forza*: i bambini non danno nulla per scontato e non sono dei burattini. Amano collaborare e seguirci, e lo fanno solo se si sentono rispettati.
- *Renditi disponibile ad ascoltare i suoi bisogni*: se vede che tu ascolti i suoi bisogni, da grande sarà in grado di farlo anche lui. E poi, che altro ci stai a fare qui sulla Terra se non per essere di sostegno a tuo figlio quando non è ancora in grado di cavarsela da solo?
- *Anticipo del bisogno*: percepire i suoi bisogni e soddisfarli non è viziarlo, ma farlo sentire considerato e amato. La privazione non rafforza, anzi, rende fragili e rancorosi (basta osservare la società in cui viviamo per accorgersene).
- *Danza del sì*: chiamiamo così la gestione "pacifica" dei momenti in cui devi per forza dirgli di no (più avanti vedremo nel dettaglio come fare).
- *Quando giocate, fatti guidare da lui*: attraverso il gioco tuo figlio esprime la sua creatività e ha bisogno di verificare le sue intuizioni.
- *Ascoltalo, guardalo negli occhi*: la comunicazione e la comprensione reciproca migliorano e tuo figlio si sente più amato e considerato.
- *Permettigli di fare molte cose con te*: i bambini imparano per imitazione. Non servono molti giochi preconfezionati, lascia che ti guardi e che imiti quello che fai.

- *Lascia maturare il cambiamento con costanza e perseveranza*: non è detto che assecondare la natura di tuo figlio sia un passaggio facile o immediato, ma se persisti, i frutti che raccoglierai saranno meravigliosi, inaspettati e duraturi.
- *Costruisci la sua stima e la sua fiducia nei tuoi confronti*: ogni momento è buono perché tuo figlio ti osservi e si faccia una buona o una cattiva idea di te. Approfittane.
- *Sii fermo nelle tue scelte*: evita di cambiare idea anche se credi di non aver fatto la scelta giusta. Fai sempre il possibile per non sbagliare, ma sappi che per tuo figlio conta di più vederti sicuro su ciò che bisogna fare.
- *Di' di no con dolcezza, considerando i suoi tempi, i suoi bisogni e il suo stato d'animo*: non c'è motivo di essere duro, anche quando devi dire di no. Se ti innervosisci è un problema tuo, e la risposta del bambino non cambia (se dici di no da arrabbiato non hai più probabilità che ti ascolti, ma solo più probabilità che si spaventi e perda la fiducia in te).
- *Cogli la motivazione profonda dei suoi no o delle sue ribellioni*: è una delle chiavi fondamentali per risolvere velocemente i capricci e impedire che si generino. Più avanti avremo modo di parlarne approfonditamente.
- *Evita di identificarti nei conflitti*: comprendilo seriamente e poi scherzaci su, sdrammatizza l'evento (non il suo stato d'animo). In questo modo lo aiuti a non identificarsi con le situazioni e gli insegni a rispettare sempre i suoi sentimenti.
- *Evita la rigidità, cerca la comprensione*: se entri in empatia con lui e con i suoi bisogni, tuo figlio si sente amato, capito e naturalmente spinto a collaborare.
- *Evita di rapportarti a lui con aspettative particolari, con impazienza o nervosismo, mostrando debolezza o senso di inadeguatezza*: sappiamo che è la parte più difficile (e infatti ti daremo qualche suggerimento nei capitoli successivi), ma sforzarti di restare neutrale dà frutti impagabili: lo fa sentire al sicuro, non colpevole o accusato di qualcosa.

Quelli che ti abbiamo appena elencato non sono strumenti magici, e neppure chimere. Sono approcci semplici, che rispettano la natura del bambino e che hanno già aiutato migliaia di mamme e di papà a migliorare la relazione con i figli.

Perché è così importante la relazione che crei con tuo figlio?

Perché è proprio questo a fare la differenza sui tanto odiati capricci (e non solo).

LA RELAZIONE CON TUO FIGLIO
È IL CUORE DELLA SUA VITA FUTURA,
DELLA SUA AUTONOMIA
E DELLA SUA MATURITÀ.

Dal primo momento in cui lui è entrato a far parte della tua vita, dall'istante del concepimento in avanti, tutto si è basato su una relazione. Quando vi guardate, quando giocate, quando lui sta facendo cadere il vaso di porcellana e tu sei in cucina a preparare la cena, quando lui è dai nonni e tu al lavoro, quando litigate, quando vi fate le coccole, quando tu sei fuori e lui è a casa, perfino quando non siete insieme, la vostra relazione è sempre viva. Perché tu sei tu, e le cose che fai e che tuo figlio osserva influiscono più di ogni altra cosa sulla sua educazione. Il tuo comportamento e le tue emozioni possono fare una netta differenza. *Che sia verbale o non verbale, consapevole o inconsapevole, conscia o inconscia, la comunicazione fra voi è sempre attiva e non è dotata del tasto off: una volta accesa, brucia o illumina per sempre.*

Forse puoi vivere questa cosa come un pesante macigno, come una tremenda responsabilità. Noi ti suggeriamo di vederla come un dono e un'opportunità. Un dono, perché stare con i bambini è una vera scuola di vita (per esempio ti insegnano fare le cose divertendoti e a vivere il presente, cosa a cui noi adulti non siamo più abituati). Un'opportunità, perché se sai che lui impara imitandoti, il fatto di dargli il buon esempio ti aiuta a preservarlo dalle cattive strade.

Noi lo abbiamo sperimentato personalmente in diversi casi, tanto che ormai è impossibile parlare di casi isolati. Ricordiamo per esempio A., 7 anni. Un bambino allergico a ogni regola: scappava, picchiava i più piccoli, rompeva qualsiasi gioco trovasse sulla sua strada, bestemmiava e faceva del male a se stesso. Potrà sembrarti impossibile, ma per noi è una delle situazioni più semplici da gestire. Perché?

Perché, a parte la necessità iniziale di dedicargli molte attenzioni, A. aveva semplicemente trascorso i suoi primi sette anni di vita con persone che si comportavano esattamente come lui: adulti che bestemmiavano, si facevano del male assumendo droghe e alcol, distruggevano tutte le opportunità che avevano davanti, picchiavano e punivano i più piccoli (i loro due figli). Era sufficiente cambiare la sua fonte di imitazione, fare in modo che attingesse le sue risorse e la sua linfa da un altro terreno.

Così è stato, in effetti: nel giro di qualche mese, A. era un altro, o forse sarebbe più corretto dire che finalmente era di nuovo se stesso: dolce, amorevole, scalmanato e con tanta voglia di giocare (diritto naturale di ogni bambino), disposto a condividere il suo tempo con altri coetanei ma a vivere anche momenti di tranquillità.

Ringraziamo la natura per averci inventati così

Questo libro non è un manifesto per le famiglie: non intende darti nuove ricette o regole da seguire. Non è il decalogo di un metodo educativo appena scoperto, sperimentato clinicamente o avvalorato da studi scientifici. Non abbiamo né la presunzione né l'intento di convincere nessuno.

A parte il nostro racconto di vita vissuta, non troverai rimandi a studi particolari che avvalorino la nostra tesi. Anche perché una vera e propria tesi non c'è.

Quando le persone che incontriamo si complimentano con noi, ci limitiamo a rispondere con gentilezza che, in realtà, non siamo noi quelli da ringraziare.

È LA NATURA CHE VA RINGRAZIATA
PER AVERCI INVENTATI COSÌ:
DA UN LATO, BAMBINI DA EDUCARE
NELL'AMORE E NELLA SEMPLICITÀ,
DALL'ALTRO GENITORI CAPACI
DI PRENDERSI CURA DEI FIGLI
SENZA CONDIZIONAMENTI.

A volte invece incontriamo persone che sottovoce ci dicono: "Sai, quello che hai detto prima, quell'esempio che hai fatto su come accogliere il bambino... in realtà si chiama approccio psicoqualcosa...", quasi dovessimo per forza collegare quello che facciamo a un metodo testato o messo a punto da qualche scienza particolare.

Se è questo che cerchi, ti preghiamo di non continuare nella lettura: perderesti solo tempo prezioso, che puoi sfruttare in modi più costruttivi. Se invece vuoi conoscere meglio te stesso e tuo figlio, se vuoi relazionarti a lui efficacemente e senza nuocergli in alcun modo, se vuoi metterti in gioco e fare della tua responsabilità di genitore qualcosa di piacevole e leggero, piuttosto che di pesante e complicato, se vuoi risvegliare le capacità che già possiedi per diventare un genitore migliore e far sì che il tuo intervento sia più apprezzato anche da lui, allora sei nelle mani giuste. Insieme faremo un ottimo lavoro, e la riconoscenza che leggerai negli occhi di tuo figlio ti ripagherà di tutti gli sforzi iniziali.

Cominciamo...

capitolo 3

I PRINCIPI DI MADRE NATURA (CHE RENDONO FACILE IL DIFFICILE MESTIERE DEI GENITORI)

DAL DIARIO DI ROBERTA

LA RICETTA MAGICA

C'era una volta, all'inizio dei tempi, una vecchia nonnina che abitava da sola la Terra. Aveva bianchi capelli striati d'argento, piccoli occhiali rotondi da cui facevano capolino due occhietti vispi e azzurri, un sorriso fresco e radioso che le illuminava il viso. Trascorreva le sue giornate nei boschi, fra le colline o lungo le spiagge, in compagnia di fate, gnomi, folletti... La chiamavano Madre natura perché era stata la prima a occupare il nostro piccolo pianeta, quando ancora non esistevano i colori ed era tutto in bianco e nero. Lo aveva riempito di fiori, frutti, animali, fiumi, laghi, cascate... ma mancava ancora qualcosa.
Madre natura sognava una Terra popolata da un'infinità di bambini, creature angeliche a cui offrire amore, accoglienza e un bellissimo posto a loro misura in cui giocare, imparare, ridere, gioire, manifestare i loro talenti e dare vita alle loro aspirazioni. Passava le sue giornate a fantasticare un mondo pieno di innocenza, immaginazione, intelligenza, risate, allegria. Ogni tanto la nostra cara nonnina si chiedeva che cosa sarebbe servito, oltre al suo eterno sostegno e al paradiso naturale che aveva creato, per far sentire quei bambini così a loro agio da crescere, realizzarsi e servire un giorno da esempio agli altri che sarebbero arrivati. Si consultò con gli gnomi, i custodi della Terra, che conoscono le doti neces-

sarie della concretezza e della disciplina. Interrogò le sirene che popolano i mari e ne sanno più di chiunque altro in fatto di emozioni e sentimenti. Infine chiese anche alle fate del bosco, che per natura riescono a leggere nel cuore dei bambini e ad amarli con il loro calore.
Finalmente, un bel giorno, la risposta che aspettava arrivò. Davanti all'annuncio, i suoi fidati consiglieri rimasero perplessi: erano davvero quelli gli ingredienti necessari per tradurre il sogno in realtà? E se qualcosa non avesse funzionato? Ma lei era Madre natura, sapeva il fatto suo, e vedendo l'entusiasmo e la fermezza con cui difendeva il suo sogno non poterono far altro che assecondarla e sostenerla. Fu così che Madre natura cominciò a elencare ciò che sarebbe servito a quegli angioletti. La loro energia, disse, si sarebbe preservata intatta nel tempo solo grazie a cibo fresco, naturale e ricco di vita: per portare a termine i loro progetti e far risplendere il pianeta di gioia, era importante che quelle creature preservassero nel tempo la loro salute.
Ma questo non era sufficiente. Stando al suo intuito infallibile, alla ricetta magica mancavano ancora tre ingredienti. Quegli angioletti, infatti, sarebbero arrivati sulla Terra immersi nella loro incantevole innocenza, e per abituarsi alla vita sul pianeta avrebbero avuto bisogno di molto di più. Per esempio di un loro simile, che si trovasse sulla Terra da più tempo e potesse dare loro tutto l'affetto, il sostegno e l'esempio necessari. Servivano complicità, capacità di rispettare la loro natura destinata a cambiare nel tempo, una certa maturità e una sorta di stabilità morale. Servivano dei genitori! Madre natura, che era una nonnina molto ottimista e al tempo stesso realista, decise che avrebbe fatto anche questo: avrebbe acceso nel cuore di ogni bambino ormai adulto quella scintilla eterna...
Se solo ciascuno di loro lo avesse voluto davvero e avesse aperto il suo cuore, il gioco era fatto: quella scintilla sarebbe diventata una fiamma capace di dare calore senza bruciare. I bambini sarebbero stati al sicuro, guidati, amati e sostenuti, e a ogni mamma e a ogni papà sarebbe bastato osservare un fiore e sentirne il profumo per coglierne il senso, per leggere in ogni petalo la strada da seguire...

Quando hai deciso di avere un figlio, probabilmente hai vissuto un momento di felicità immensa, pieno di speranze e progetti. Anche se non era "in programma", è probabile che a un certo punto tu abbia iniziato a pensare a lui come a una cosa bella, a una benedizione.

Con il passare del tempo, è altrettanto probabile che in alcuni momenti ti sia chiesto: "Ma come ho fatto a non pensarci due volte? Dov'è finita tutta la poesia che vedevo all'inizio? Come faccio a fare progetti per lui, se sono stanco morto e passo le giornate a cambiare pannolini e a gestire le mie ansie?".

Ti capiamo. Tra il dire e il fare c'è di mezzo il mare: c'è un abisso enorme fra la maternità o la paternità ideali e quello che ti sei trovato a vivere realmente, catapultato in un tran tran quotidiano di notti insonni, pappe, capricci, decisioni da prendere, dubbi, incertezze, stanchezza, frustrazione e paura di sbagliare.

Di certo i momenti di gioia non sono mancati, ma se qualcuno ti chiedesse di sostenere che il ruolo di genitore è una passeggiata, probabilmente risponderesti: "Ahimè no, non posso confermarlo".

E se invece ti dicessimo che è possibile vivere quel ruolo con semplicità e soddisfazione, che c'è davvero un modo per farlo?

È proprio così: il modo c'è.

Non si tratta di una scoperta di ultima generazione. In realtà non si tratta nemmeno di una scoperta: piuttosto, della presa di coscienza e della capacità di valorizzare qualcosa che tutti noi siamo già perfettamente in grado di fare, a patto di familiarizzare con le capacità di cui Madre natura ci ha dotati e di prenderci il tempo di osservare meglio i nostri bambini.

La loro natura si esprime già nel modo in cui giocano, piangono o ridono, in quello che dicono o indicano e in come lo fanno: tutto questo ci svela sempre di cosa hanno bisogno per stare bene, per essere felici e per ascoltare volentieri mamma e papà.

Per la loro crescita Madre natura ha stabilito alcuni principi immutabili che, se seguiti:

- *Ti permettono di eliminare qualsiasi dubbio* rispetto alla cosa migliore da fare per tuo figlio, per esempio se è ora di togliere il pannolino, di farlo dormire da solo o di lasciarlo uscire con gli amici.
- *Ti permettono di assecondare le sue naturali fasi di crescita* senza correre il rischio di fare qualcosa troppo presto o troppo tardi: oggi, per esempio, si tende a responsabilizzare molto i bambini fra gli 0 e i 7 anni e a proteggerli eccessivamente da adolescenti. L'ideale, invece, sarebbe proprio il contrario.
- *Ti permettono di fare le cose giuste al momento giusto*, e dunque di vivere in armonia, di guadagnare tempo prezioso, di far sentire tuo figlio amato e rispettato, risparmiandoti le numerose situazioni in cui di solito esprime il suo disagio (capricci inclusi).

Non solo i bambini sono nati per essere felici: anche i genitori sono nati per essere felici e non, al contrario, vittime inconsapevoli di meccanismi che con la natura dell'uomo hanno poco a che fare. Albert Einstein diceva: "Ognuno è un genio. Ma se si giudica un pesce dalla sua abilità di arrampicarsi sugli alberi, lui passerà tutta la vita a credersi stupido". Vale anche per te. Anche tu sei un ottimo genitore: se ti sei abituato a modalità educative poco in sintonia con la natura di tuo figlio, che non ti fanno ottenere il risultato sperato o a cui lui troppo spesso si ribella, ebbene, non sei tu a essere sbagliato.

Il nostro lavoro è proprio questo: ricordarti quello che naturalmente sai già. Potrai pensare che sia un po' come scoprire l'acqua calda, ma a volte le cose più semplici sono le più difficili da vedere e abbiamo bisogno che qualcuno ci ricordi di aprire il rubinetto. Una cosa è certa: se cominci ad assecondare anche tu le leggi che Madre natura ha previsto per la crescita dei bambini, saranno sempre meno le volte in cui penserai di non essere capace, in cui ti sentirai inadeguato o stravolto dopo una giornata passata a discutere e a dare ordini senza arrivare a nulla.

Quali sono i principi di Madre natura?

Sono cose semplici che anche tu puoi osservare ogni giorno in tuo figlio, a patto di non lasciarti annebbiare da ansie, condizionamenti, preconcetti, fretta, nervosismo o paure.

Primo principio secondo natura: osservazione

Il primo principio è proprio quello dell'osservazione: i bambini non sono vasi vuoti da riempire, ma scrigni pieni di progetti, talenti e desideri da esprimere, manifestare e realizzare. Se osservi con attenzione e senza pregiudizi tuo figlio mentre ride, gioca, piange, dorme, mangia, urla, parla o ti chiede le coccole, riesci a capire sempre di cosa ha bisogno e cosa sta provando, e di conseguenza diventa facile poterlo assecondare.

Il nostro problema è che oggi siamo convinti che i bambini siano creature da istruire, informare, plasmare in base a regole e comportamenti astratti che ci sono stati tramandati, e questo è uno dei primi grandi ostacoli per un genitore che voglia instaurare un rapporto armonioso e autentico con il figlio.

Tuo figlio è un vaso pieno. Questo vale anche quando deve imparare o abituarsi a una novità: dentro di lui si formano già impulsi e intuizioni su come fare o perché fare certe cose e non altre. Quando lo vedi interessato a qualcosa o assorto in un'attività specifica, per esempio giocare per ore al meccanico, sta solo mettendo in pratica, sperimentando e verificando qualcosa che è già avvenuto dentro di lui. Assecondalo sempre: la possibilità di verificare fuori quello che ha già visto dentro di sé è uno dei pilastri per mantenere alte la sua autostima e la sua fiducia in se stesso.

Forse ti sarà più facile capirlo se pensi a questo: tuo figlio non riceve lezioni o istruzioni da te per imparare a mangiare, a parlare, a camminare, a correre, a osservare o ad afferrare qualcosa. Eppure nel tempo lo fa, e lo fa benissimo. Tu semplicemente gli dai l'esempio e lo assecondi. Perché non dovrebbe valere lo stesso discorso per tutte le cose che deve ancora "imparare"?

Secondo principio secondo natura: assorbimento incondizionato e imitazione

Esistono altri due strumenti che la natura ha previsto per il bambino quando si tratta di imparare (dalle cose più basilari, come mangiare, muoversi, afferrare, tagliare, scrivere o leggere, a quelle più complesse come accogliere i sentimenti, esprimere le emozioni, usare un certo tipo di linguaggio, interagire con gli altri ecc.): l'assorbimento incondizionato e soprattutto l'imitazione.

Il bambino, soprattutto nei primi sette anni di vita, assorbe in modo incondizionato tutto ciò che vive e percepisce nell'ambiente familiare circostante (in particolare da mamma e papà). È come una spugna immersa in una bacinella d'acqua, che non può scegliere se bagnarsi o restare asciutta e nemmeno quanto impregnarsi, così lui assorbe ciò che accade all'esterno senza riuscire a filtrarlo.

Assorbe i comportamenti di mamma e papà, le loro abitudini, le loro emozioni, i loro pensieri, i loro modi di fare. Se questi sono adeguati, armonici, sereni, amorevoli, efficaci, anche i suoi lo saranno. Un meccanismo meraviglioso e perfetto, che permette a ciascun individuo di imparare moltissimo in poco tempo pur disponendo di risorse e competenze ridotte (quali possono essere le sue a confronto di quelle di un adulto).

Ma tuo figlio non si limita a questo.

TUO FIGLIO TI IMITA.
OLTRE AD ASSORBIRE CIÒ CHE VIVE,
PROVA IL FORTISSIMO IMPULSO
A IMITARE I SUOI ADULTI DI RIFERIMENTO
IN TUTTO CIÒ CHE FANNO.

Quante volte l'hai visto correrti dietro dicendo: "Anche io", "Lo voglio anch'io", "Voglio provare anch'io", "Lo faccio anch'io"? Questo desiderio/bisogno impellente di imitare le persone di cui si fida è un altro grandioso strumento che gli permette di imparare moltissime cose divertendosi, senza sforzo e in tutta naturalezza. Fai in modo che trascorra molto tempo con te e, quando è possibile, lascia che faccia quello che fai tu (a modo suo, giocando e divertendosi).

Terzo principio secondo natura: le fasi della crescita

Un'altra caratteristica importante che ci contraddistingue come individui è che la nostra crescita rispetta tappe ben precise. Ogni età ha i suoi bisogni specifici e sviluppa competenze differenti: non è vero che un'età vale l'altra. Spesso, per noi adulti, questo malinteso rappresenta un grosso ostacolo. Se ignoriamo i bisogni e le competenze di ogni età, rischiamo di pretendere da nostro figlio cose o comportamenti che non hanno nulla a che vedere con la sua fase di crescita.

Quante volte, per esempio, ci capita di vedere bambini di 3 o 4 anni sottoposti alle regole ferree degli adulti (con il risultato che non capiscono e continuano a fare i capricci) e, al contrario, adolescenti che vengono trattati come bambini ("Ti stiro io la maglietta", "Sei stanco, ti porto a scuola in macchina", "Niente lavoretti extra, ti do io la paghetta", "Pensa solo a studiare e a divertirti, io alla tua età non ho potuto") e rischiano di diventare adulti privi di iniziativa, di senso di responsabilità e di riconoscenza?

Ma quali sono queste fasi di crescita, e come si suddividono? A rischio di schematizzare un po' (solo per ragioni pratiche), possiamo dire che gli individui seguono cicli di sette anni. In questo libro ti parleremo dei primi tre, che vanno dalla fase del concepimento all'inizio della maturità: 0-7 anni, 7-14 anni e 14-21 anni. La vita non è così schematica: nella realtà, il passaggio da una fase all'altra è più lento. Quello tra la prima e la seconda, per esempio, non avviene necessariamente allo scoccare del settimo compleanno ma nell'arco di alcuni o parecchi mesi, a seconda del bambino e della sua storia (fra i 6-7 anni e i 7-8 anni).

E ora vediamo insieme le caratteristiche di queste tre fasi.

DA 0 A 7 ANNI: LA FASE EGOCENTRICA DELL'IMITAZIONE

Per i primi sette anni il bambino dovrebbe sentirsi al centro del suo mondo, cioè al centro dell'amore di mamma e papà. È come un grande *organo di senso* in cui predominano la fisicità e le sensazioni.

Nell'apprendere, intuisce una verità dentro di sé (proprio come Archimede con la lampadina sulla testa) e poi avverte un bisogno impellente di verificarla e sperimentarla. Ecco perché tocca tutto, butta tutto per terra, vuole andare o infilarsi dappertutto. È naturale che *consideri tutto suo* e a sua completa disposizione: se gli diamo dell'egoista perché non vuole scambiare i suoi giochi con gli amichetti, se gli diciamo che deve aspettare o che non si può avere tutto, siamo di intralcio alla sua maturazione affettiva.

In questi anni tuo figlio *impara esclusivamente imitando*: tutto quello che fai, senti o pensi entrerà a fare parte del suo bagaglio. È come una spugna che assorbe e interiorizza tutto ciò che proviene dall'ambiente esterno: impara velocemente, senza possibilità di filtrare (per questo ripete tutto e assume gli atteggiamenti degli adulti che frequenta).

DA 7 A 14 ANNI: LA FASE DELLA FIORITURA

Il bambino esce lentamente dal bozzolo per aprirsi al mondo. Interiorizza il fatto di essere un'individualità a sé stante, diversa e interdipendente dalle altre: è come una gemma che inizia a fiorire. In questi sette anni ciascuno di noi sviluppa la propria *polarità sessuale*, presente in germe fin dalla nascita: se siamo femmine sviluppiamo il femminile (materno), se siamo maschi il maschile (paterno).

Per questo è utile che trascorra molto tempo con il genitore dello stesso sesso, per integrare attraverso il suo esempio tutte le caratteristiche della sua polarità. Sono gli anni dello sviluppo del *sentire*. Non è più una spugna assorbente priva di filtri: inizia ad ascoltarsi, a osservare, pretende di assimilare la verità da adulti che rispetta (grazie all'amore incondizionato, alla disponibilità e al sostegno che ha ricevuto da loro nella fase precedente). Crescendo, non si limita a imitare: vuole anche stimare la persona da cui trae i suoi insegnamenti, scegliendola con cura fra coloro da cui si è sentito particolarmente amato e rispettato negli anni precedenti. In questa fase non perde la voglia di scoprire e di imparare, sperimentando nella pratica le sue intuizioni. Assecondarlo in questo bisogno è un ottimo punto di partenza per farlo sentire libero ma pronto a rispettare le norme e i limiti imposti dall'esterno.

DA 14 A 21 ANNI: LA FASE DELLA VOLONTÀ

In questa fase portiamo a maturazione la *polarità opposta* alla nostra. Le femmine sviluppano la loro parte maschile, i maschi la loro parte femminile. Sono gli anni dell'avvicinamento, della comunicazione e della conoscenza fra i sessi: i primi innamoramenti, le prime uscite in gruppo, lo studio insieme ad altri compagni di classe ecc. (a differenza della seconda fase, in cui i maschi giocano ancora con i maschi e le femmine con le femmine e si definiscono rispettivamente "galline" e "trogloditi". In realtà, se noi adulti trasmettessimo ai nostri figli un'immagine più amorevole dell'altro sesso, fra loro ci sarebbe un rapporto neutrale, più di indifferenza che di rivalità).

In questa fase tuo figlio si sente sicuro e vuole esprimere al mondo la sua *volontà* e la sua essenza con determinazione e fiducia. È pronto a formarsi una propria morale e a offrire un giudizio personale, se gli viene chiesto. I ragazzi a quest'età amano assumersi responsabilità, sentirsi partecipi, attivi e indipendenti nel creare progetti o nel portare a termine un compito. Hanno bisogno di essere ascoltati senza essere giudicati (anche se li vediamo diversi da noi), perché stanno portando a compimento il processo di fioritura che li renderà degli esseri unici e inimitabili.

E ALLA FINE DEI PRIMI VENTUN ANNI?

Alla fine di questa prima parte di percorso, se tutto è filato liscio, tuo figlio è diventato un adulto maturo: è *consapevole dei suoi talenti*, dei suoi desideri e del suo progetto di vita, sa creare strategie per portare a termine i suoi *obiettivi* e sa avere fiducia e pazienza che tutto si realizzerà secondo il suo sentire. È solo ai piedi della montagna, il resto del suo percorso è tutto in salita, ma ormai ha gli *strumenti* per fare un'ottima scalata: sa quando fermarsi a riposare e quando dare il massimo, sa quali corde e quali scarpe usare, non è sprovveduto, vive ogni attimo, assapora l'aria, si gode il paesaggio senza fatica e senza sforzo...

Quarto principio secondo natura: sensibilità e sensitività

A volte diamo per scontate altre due caratteristiche essenziali. I bambini sono ipersensibili alla vita, alle emozioni, ai sentimenti: sviluppano una naturale empatia con piante, animali ed esseri umani, adulti e coetanei. Sono rispettosi, collaborativi, amanti del bello, del buono, del giusto.

Sono sensitivi: colgono i pensieri delle persone che li circondano, le loro emozioni e i loro stati d'animo, spesso arrivando anche ad anticipare e a verbalizzare gli eventi prima che accadano. Chi più chi meno, ogni bambino gode di queste caratteristiche innate. Il problema è che gli adulti non lo sanno e pensano che sia una macchina da far funzionare, un piccolo "selvaggio" da indottrinare, che deve imparare a comportarsi per poter stare al mondo (tutti preconcetti e condizionamenti che poco hanno a che spartire con la natura e i bisogni del bambino).

Con la conseguenza che, spesso, il bambino si piega al prototipo che gli viene imposto.

Perché si adatta a ciò che gli adulti vogliono da lui (anche se ogni tanto si ribella, spesso proprio attraverso i capricci)? Perché rinuncia alla sua natura per omologarsi all'immagine che gli adulti vorrebbero o hanno di lui? Il motivo è molto semplice: ha un disperato bisogno d'amore. Sì, l'amore, quella strana cosa che oggi, nonostante millenni di evoluzione, noi adulti stentiamo ancora a capire, a descrivere, a volte anche a manifestare.

MOLTO PRIMA CHE DI REGOLE,
SPIEGAZIONI, MORALI,
PUNIZIONI O PROVE DI SOPRAVVIVENZA,
TUO FIGLIO HA BISOGNO
DI ATTENZIONI, AMORE,
ACCOGLIENZA, SOSTEGNO
E COMPRENSIONE.

Se si accorge di non ricevere le attenzioni che desidera e che queste sono sostituite da giudizi, paragoni, incomprensioni o ramanzine, tende a mettersi facilmente in discussione e si convince di essere lui il problema (anche se non è così). Pur di ricevere amore e gratificazione, finisce per dimenticare se stesso e per adattarsi a ciò che mamma e papà vogliono. È il caso dei bambini che non esprimono i loro sentimenti ma poi si ammalano, che stanno sempre zitti e buoni ma poi balbettano o sviluppano tic, che sorridono e dicono che va tutto bene ma soffrono di allergie o di bronchiti croniche, che cercano in ogni modo di adattarsi ma vengono definiti iperattivi, che scelgono scuole o mestieri per fare contenti i genitori e poi si alienano con alcol e spinelli.

Forse ci vorranno anni prima che gli adulti si convincano che un bambino, quando piange, piange davvero, che ha davvero bisogno di tutto il tempo e l'amore di mamma e papà. Che se vuole giocare tutto il giorno non sta facendo il furbo per sottrarsi alle responsabilità, che se dice di non voler andare a scuola non è necessariamente un asino, che se fa i capricci non è solo perché ha qualche grillo per la testa: semplicemente è un bambino, e impedirgli di vivere la sua infanzia è uno dei primi crimini che gli adulti commettono nei confronti non solo dell'umanità, ma soprattutto del loro bambino.

"Ma come faccio a pensare anche a queste sottigliezze?"

Quando parliamo di educare un figlio secondo i principi della natura, molti genitori ci incalzano dicendo: "Sì, sì, è tutto molto interessante e posso anche essere d'accordo. Ma come faccio a pensare anche a queste sottigliezze? Io non ho tempo! Avete mai provato a stare tutto il giorno con un bambino, peggio ancora con due, tre, o quattro alla volta? Sapete cosa significa arrivare stanchi dal lavoro e doversi occupare della casa e anche di loro? È già tanto se riesco a tenerli buoni, a corrergli dietro perché non si facciano male, a gestire i loro capricci e le loro richieste!".

È vero. Ti capiamo benissimo. In effetti, siamo convinti che prima vadano risolti i problemi di tutti i giorni, e solo in un secondo momento le sottigliezze. Del resto è così per tutto: se vuoi cucinare un buon pranzetto devi avere gli ingredienti giusti ma anche la cucina pulita; se vuoi coltivare della buona verdura devi avere un terreno ben arato e fertilizzato, senza erbacce o parassiti nocivi; se vuoi che il make-up tenga per prima cosa devi lavarti bene il viso e idratarlo con una buona crema.

Con tuo figlio è lo stesso: per poterti permettere di migliorare la relazione con lui, di pensare a un cibo di qualità per entrambi o di ricorrere a rimedi naturali quando ha la tosse o la febbre, è fondamentale che dentro di te e nella tua quotidianità non ci siano erbacce. E se devi pensare a come gestirlo mentre cucini, se devi passare il tempo a dividerlo da sua sorella, a fargli fare i compiti o a dirgli: "questo non si fa, quello neanche", non puoi certo avere lo spirito, la calma e il tempo necessari per dedicarti ad altro.

Prima di tutto, quindi, dobbiamo aiutarti a risolvere la grande piaga dei capricci e delle lotte di potere che tuo figlio mette in atto per farti perdere tempo e pazienza (in verità non è così e presto scoprirai perché). Sapere sempre come comportarsi quando lui pesta i piedi, dice di no, urla o ti sfida offre fin da subito parecchi vantaggi:

- *Più tempo trascorso a giocare* con lui invece che a urlare.
- *Più tempo per le faccende di casa* o (meglio ancora) per riposarti e rilassarti.
- *Più stima e più fiducia* da parte di tuo figlio, che da domani ti ascolterà più volentieri.
- *Più serenità e più punti per la tua autostima*: se sei un pesce e vieni giudicato per come nuoti, anche tu puoi sentirti finalmente il Michael Phelps di turno.
- *Meno ansie e meno stress*: se sai sempre cosa fare e vedi che ti riesce bene, la sicurezza in ciò che fai aumenta.
- *Meno incomprensioni*: se conosci meglio la natura di tuo figlio, sai come rispondere perfettamente ai suoi bisogni e lui te ne darà la conferma, sia a parole sia con il suo comportamento. È come quando vai all'estero. Se vai in Cina e hai studiato un po' di cinese, è probabile che te la cavi facilmente. Se invece parli solo il pugliese, ti prenderanno per un alieno e tu farai altrettanto con loro, innervosendoti perché non ti capiscono e non ti ascoltano e pregando solo di poter tornare a casa in fretta.

TU E TUO FIGLIO
SIETE PERFETTI COME SIETE.
TU PUOI IMPARARE A CAPIRLO DI PIÙ
SENZA INIBIRE LA SUA NATURA,
LUI PUÒ ESPRIMERSI PER QUELLO CHE È,
SENZA PAURA DI ESSERE PUNITO
O NON COMPRESO DALLE PERSONE
CHE AMA DI PIÙ: MAMMA E PAPÀ,
I SUOI DUE GRANDI SUPEREROI.

capitolo 4

SE RITROVI TE STESSO ANCHE LUI RITROVA SE STESSO (E I CONFLITTI SVANISCONO)

DAL DIARIO DI ROBERTA

IL MURO DI C.

Circa un anno fa inizio a seguire una madre di quattro figli tra i 2 e i 15 anni. Ricordo ancora il nostro primo incontro in studio: seduta davanti a me, eccola intenta a controllare con la postura, con lo sguardo e con le parole la nostra conversazione. Continua a ripetermi più del dovuto quanto sia arrabbiata, stanca di non avere nessuno che l'aiuti e di avere dei figli così scalmanati e così ingrati; non capisce perché la vita sia così ingiusta con lei, visto che in lei non c'è nulla che non vada.

Ogni volta che provo a inserirmi nel discorso e a procedere con la consulenza – la signora in fondo ha pagato per ricevere da me alcuni suggerimenti efficaci – lei, imperterrita, alza la voce e continua a sgranare l'elenco dei problemi che le creano gli altri, impedendomi di intervenire. Quando riesco a recuperare la parola e provo a focalizzare l'attenzione su di lei, ecco che distoglie lo sguardo per posarlo fuori dalla finestra che dà sul bosco e dirmi che il mio discorso non è chiaro (a volte è fin troppo chiaro, e allora ammette senza problemi di non avere capito, di essersi distratta...). Una persona difficile. Molto difficile. Tanto che, alla fine del nostro primo incontro, io stessa dubito di riuscire ad aiutarla: troppo egocentrica, troppo lontana dalle sue responsabilità, troppo poco disposta a mettersi in discussione... La lascio

con alcuni suggerimenti pratici e qualche fiore di Bach, impegnandomi a rivederla dopo un mese. Il mese passa ed eccola lì, pronta a gestire anche quella volta la conversazione. Io non mi lascio ingannare dalle premesse: so che i meccanismi egoici della nostra personalità provano a dominarci con le loro manie di grandezza e a sabotare la nostra felicità, ma so anche che in quei casi la vita ha sempre pronto qualche asso nella manica nascosto. E infatti... sulla spinta del miglioramento avviato dai primi fiori e dai primi consigli, decido di fare come l'acqua con la roccia e, tra una domanda e l'altra, tra un incalzare e l'altro, provo ad aprire lentamente una breccia per arrivare al nocciolo del problema: il suo atteggiamento vittimistico, rigido, a tratti sprezzante.
C. inizia a mollare la presa: lascia fluire le sue emozioni, gli occhi le diventano lucidi e finalmente, all'improvviso, piange. Il muro di cemento si è rotto. Attraverso una serie di esercizi a casa e con l'aiuto di altri fiori di Bach, accetta di intraprendere un percorso di auto-osservazione per modificare il suo atteggiamento e smussare i lati troppo spigolosi del suo carattere. Insieme stipuliamo un patto: le chiedo di avere fiducia in me anche se le cose non cambieranno da un giorno all'altro, di continuare a fare ciò che propongo pur non capendone sempre la ragione, come se si avvicinasse a nuovo sport. Per un po' le chiedo di distogliere lo sguardo dai problemi e dal giudizio sui suoi familiari e di concentrarsi solo su se stessa, anche se il mondo che la circonda continua a non piacerle.
È passato poco più di un anno e sono successe molte cose. C. è stata ripagata: il suo fiore non è più soffocato dalla nebbia del rancore, del giudizio, dei bisogni affettivi insoddisfatti. Ha imparato a conoscere se stessa, a volersi bene e, soprattutto, a riconoscere le proprie responsabilità negli eventi spiacevoli della sua storia personale o nel comportamento scontroso e capriccioso dei figli. Ha preso in mano la sua vita, è riuscita a costruire nel tempo un atteggiamento più maturo. E sebbene questo dovrebbe già bastare a rendere felice un individuo, aggiungo un dettaglio che è stata lei stessa a confermarmi con grande soddisfazione: via via che modificava il suo atteggiamento e comprendeva i suoi errori, via via che riusciva a mostrarsi più neutrale e più amorevo-

le, più disponibile e meno giudicante verso se stessa e verso gli altri, i comportamenti dei figli che erano fonte di conflitto hanno smesso quasi del tutto di manifestarsi, al punto da spingerla a dire: "Sono altri bambini!".
Se si presenta ancora qualche difficoltà (come è naturale in ogni relazione), C. ha imparato ad affrontarla in autonomia, a capirne le ragioni e a porvi rimedio nella pratica. Il suo caso, come quello di molti altri genitori, conferma una certezza che ho da tempo: se siamo disposti a cambiare, se iniziamo a maturare affettivamente e a cercare la nostra felicità, anche i nostri figli ritrovano se stessi. Per i conflitti a quel punto non c'è più posto: svaniscono come cenere.

I genitori al centro di tutto

Ti abbiamo raccontato la storia di C. e il suo cambiamento per mostrarti che spesso il nodo della situazione siamo noi adulti. Vogliamo partire da te: perché?

PERCHÉ TUO FIGLIO
È FONDAMENTALE
MA TU, COME GENITORE
E COME ADULTO,
LO SEI DI PIÙ:
SEI TU LA SUA GUIDA
E IL SUO SOSTEGNO.

Siamo convinti di una cosa: i bambini non sono una tabula rasa da riempire di regole, ma spartiti preziosissimi da aprire e suonare con rispetto e discrezione, facendo vibrare la loro essenza e riuscendo a godere della loro musica meravigliosa. Al tempo stesso, però, crediamo che nessun bambino possa fare a meno della guida di un adulto. Certo, dentro di sé ha già tutto ciò che serve: è come un seme che la natura farà sbocciare al momento opportuno (non esistono corsi per imparare a parlare, a camminare, a mangiare, a succhiare dal seno della mamma ecc.). Ma anche il migliore dei semi ha bisogno di un buon terreno per germogliare: una fonte di amore, sostegno e sicurezza, un esempio e una guida capaci di accompagnarlo in ogni fase della sua crescita assecondandone le esigenze.

Che cosa succede se il terreno è arido o povero di sali minerali? Per quanto buono possa essere in partenza, il seme non riesce a sbocciare. A volte capita anche a noi adulti di sentirci inadeguati, privi delle energie e delle risorse per essere all'altezza del nostro ruolo.

Anche tu puoi sentirti un pezzetto di terreno asciutto e inospitale, per esempio quando:

- *Sei stanco*: dopo il lavoro, dopo una giornata più lunga del solito o passata a pulire ecc.
- *Sei nervoso*: hai discusso con tuo marito o con tua moglie, tua suocera non se ne andava più, hai avuto problemi in ufficio ecc.
- *Sei poco felice*: non sei soddisfatto della tua vita, fai un lavoro che non ti piace, vorresti avere più soldi, più tempo libero, essere più magro, più bello ecc.
- *Sei preoccupato perché non sai cosa fare*: tuo figlio ha la febbre, ti sembra che mangi troppo poco, non dorme da tre notti, non sai come aiutarlo a scegliere la scuola giusta, non sai se iscriverlo al nido oppure no ecc.
- *Sei agitato perché non capisci il suo comportamento*: è sempre scontroso, non ti tiene per mano quando dovete attraversare la strada, vuole soltanto giocare, non ti ascolta, non va bene a scuola, ti sfida, non riesce ad addormentarsi, non riesce a svegliarsi, dice sempre di no, parla troppo, parla poco ecc.
- *Hai paura di sbagliare*: tutte le mattine piange davanti al cancello della scuola materna e tu ti chiedi se hai fatto la scelta giusta, gli prometti un pezzo di cioccolata purché finisca quello che ha nel piatto ma non ti sembra una buona soluzione, lo assecondi e lo coccoli sempre ma hai paura di non rafforzargli abbastanza il carattere ecc.

– *Ti accusi di non essere un buon genitore*: urli e ti arrabbi anche se non vorresti, non riesci a farti ascoltare, non sai come gestirlo davanti agli altri ecc.
– *Gli altri ti accusano e mettono in crisi le tue scelte*: tua madre e tua suocera ti dicono che stai sbagliando, le amiche ti guardano storto perché lo fai dormire con te nel lettone, ti dicono che sei un cattivo genitore perché a sei mesi non gli dai ancora gli omogeneizzati con le vitamine necessarie ecc.
– *Vorresti svincolarti dalle tue responsabilità di genitore*: non ce la fai più, ti mancano i momenti di intimità con il tuo compagno o la tua compagna, rimpiangi gli anni in cui eri single, sei stanco di dover decidere sempre tutto tu, senti che la sua crescita pesa tutta sulle tue spalle ecc.
– *Vorresti più tempo per te*: ogni tanto vorresti che la tua doccia durasse dieci minuti e non i soliti dieci secondi, che le amiche smettessero di guardare la tua ricrescita pensando che stai cercando di inaugurare una nuova moda, che il silenzio non fosse più solo un ricordo lontano, che un notte intera di sonno smettesse di essere chimera ecc.

Ecco perché è fondamentale partire per prima cosa da te. Se lui è il seme, tu sei il terreno, se lui è la macchina, tu sei (spesso e volentieri) il carburante.

Per prima cosa vogliamo che tu stia bene. Non solo perché questo fa stare bene tuo figlio, ma perché anche tu sei importante. Tuo figlio è tuo figlio e tu sei tu. Un giorno diventerà grande, andrà per la sua strada e tu ti ritroverai alle prese con te stesso. Potrai sentirti felice del tuo passato e dei frutti che hai raccolto o, al contrario, frustrato di avere ottenuto poco, di avere fatto tanta fatica, di non essere riuscito a goderti gli anni migliori. Non solo per via del lavoro, dei mille impegni o della mancanza di tempo libero, ma perché non sei riuscito a ottenere il meglio dal rapporto con lui.

Questo non ce lo possiamo permettere.

Puntare al massimo vale la gioia (non solo la pena). Per ridimensionare i nostri obiettivi e le nostre speranze c'è sempre tempo. Ricorda: i figli non scelgono mai genitori inferiori alle loro aspettative. Dentro di te hai già tutto ciò che serve per dimostrarti all'altezza di ciò che tuo figlio ti chiede per crescere.

Qual è il tuo vero problema adesso?

Il vero problema è che non te ne rendi conto o non credi sia possibile. Condizionati da anni di credenze errate, totalmente digiuni di una vera "formazione" a riguardo (a scuola non ci insegnano come diventare buoni genitori), spesso dimentichiamo la nostra capacità innata di prenderci cura dei nostri cuccioli (siamo pur sempre mammiferi!): pensiamo di non avere esperienza, di non essere capaci, di dover leggere centinaia di libri sull'infanzia, di dover attingere a chissà quali consigli o ricette per poterci destreggiare fra i capricci e le trasgressioni di esserini che, a volte, ricordano più Terminator che un figlio.

Quello che ci proponiamo di fare è aiutarti a eliminare i veli di polvere accumulati su una lampadina già accesa da tempo. Vogliamo che tu possa dire: "Ma è semplice!", o: "È così ovvio che sembra scontato!". La natura di tuo figlio è proprio così: semplice, a volte perfino scontata. E anche le soluzioni per evitare o risolvere i conflitti lo sono: così semplici da sembrare ovvie e disarmanti.

Ecco i benefici che potrai ottenere se deciderai di affrontare i capricci e le lotte di potere secondo il nostro metodo (anche se a prima vista ti sembra assurdo o controproducente):

- Meno ansie
- Meno tensioni
- Più tempo e più qualità nel tuo tempo
- Più fiducia da parte di tuo figlio
- Più autostima da parte tua.

capitolo 5

I CAPRICCI NON SONO COMPORTAMENTI ECCENTRICI, ISTERICI E INSPIEGABILI

Che cosa penseresti se ti dicessimo che il modo migliore per risolvere i capricci è dire a tuo figlio che ha tutte le ragioni del mondo a non voler andare a scuola? Che se ti chiede di comprargli le caramelle o le bolle di sapone l'ideale è mettergli subito in mano tre pacchetti o tre flaconi? Che la risposta migliore ai suoi no sono i sorrisi, gli abbracci e le coccole?

E se ti dicessimo che i limiti e le regole sono necessari ma che non è scritto da nessuna parte di doverli dare in modo duro, autoritario, nervoso o isterico?

Tutte sciocchezze, tutte assurdità, tutte smancerie che fanno solo danni! I bambini non sanno, devono capire chi comanda! Non possono fare tutto quello che vogliono! Non possono averla sempre vinta!

Forse è vero. Forse no. Per noi e per la nostra personale esperienza, non lo è e avremo modo di dimostrartelo. Perché? Perché, in barba a fiumi di studi, di parole scritte o di chiacchiere da bar ("Ma sì, lascialo perdere, poi gli passa", "Che vuoi che sia, se piange un po' si fa i polmoni", "Mettilo a letto, domani è un altro giorno", "Quando ci vuole ci vuole: fagliela capire, così la pianta con le piazzate", "Eh... anche il mio!", "Uh... anche il tuo?" ecc.), a volte la natura dei bambini ci sorprende ed esige da noi un atteggiamento che può sembrarci strano ma che in realtà mira a farli sentire al sicuro, capiti e amati, senza doversi difendere.

Reduci da anni di culto della durezza, della performance, del dover fare rispetto al dover essere, abbiamo finito per credere che l'essenza dei bambini potesse ridursi a questo modello. Ma la natura non si sottomette mai a condizioni che negano la sua essenza, e i bambini, molto più in contatto di noi con la propria natura e la propria essenza, fanno esattamente lo stesso.

Ecco perché, molto spesso, tuo figlio non risponde come vorresti alle tue scelte e ai tuoi comportamenti. Forse ti aspetti obbedienza e sottomissione da parte sua, ti aspetti che capisca, faccia il bravo e si comporti in un altro modo, ma questo non accade sempre, anzi, molto meno di quanto vorresti. Tu urli, lui si spaventa, ma due minuti dopo si sta di nuovo arrampicando sull'armadio. Gli togli il permesso di vedere la TV perché si è comportato male, lui piange e tiene il muso ma poi la accende di nascosto o si comporta di nuovo male. Gli hai dato una sberla, lui ha pianto, ma dopo due ore si fionda di nuovo ad aprire il cassetto dei coltelli.

E invece...

I bambini non possono averla sempre vinta (forse)

Che cosa sono per te i capricci? A quali comportamenti di tuo figlio li associ? Probabilmente stai pensando a una o più situazioni di questo tipo:

- Non vuole andare a scuola.
- Non vuole mettersi questa o quella maglietta.
- Vuole più caramelle (più cioccolata, più giocattoli ecc.).
- Non vuole spegnere la TV.
- Non mi ascolta.
- Fa sceneggiate.
- Piange senza motivo.
- Non mi lascia parlare al telefono.

- Vuole tutte le mie attenzioni e se non gliele do inizia a urlare.
- Non vuole fare il bagnetto.
- Non vuole uscire dal bagnetto.
- Non vuole mangiare questo o quel cibo.
- Non rispetta i miei tempi.

Ci spiace darti una delusione, ma siamo costretti a farlo: sappiamo che questi atteggiamenti ti indispongono o ti innervosiscono, che non sai come gestirli, che non capendone la causa puoi considerarli provocazioni senza senso o capricci... Ma non lo sono.

PRIMA TI ALLONTANERAI
DALL'IDEA CHE I CAPRICCI
SIANO COMPORTAMENTI ECCENTRICI,
ISTERICI O INSPIEGABILI,
PRIMA LI RISOLVERAI ALLA RADICE.
I CAPRICCI NON SONO SOLO CAPRICCI:
SONO SEMPRE MANIFESTAZIONI
DI UN DISAGIO O DI UN BISOGNO
PROFONDO CHE TUO FIGLIO
PROVA IN QUEL MOMENTO.

Prendiamo te, per esempio. Quando ti capita di arrabbiarti, lo fai per partito preso o perché senti di avere un motivo valido? Quando alzi la voce o ti innervosisci, è perché non hai niente di meglio da fare o perché non puoi proprio evitare di comportarti così? Quando ti sembra che il tuo compagno o la tua compagna ti trascurino o non ti capiscano, pensi di essere vittima di qualche allucinazione o sei convinto di ciò che in quel momento ti dicono il tuo cuore, la tua pancia o la tua testa?

Per tuo figlio è lo stesso.

Ogni volta che insiste, piange, si lamenta o dice di non voler fare una cosa, ha un motivo preciso per farlo e prova sempre un disagio interiore. È lo stesso che accade a te quando ti innervosisci o ti lamenti. L'unica differenza è che tu sei adulto e (volendo) hai tutti gli strumenti emotivi e cognitivi per ascoltarti e risolvere il problema: tuo figlio no. Sono abilità che per natura acquisiamo crescendo (se tuo figlio è piccolo, è naturale che non sappia gestire da solo le sue difficoltà) e imitando gli adulti intorno a noi (se gli adulti intorno a tuo figlio non lo sanno fare, se non lo accolgono e non lo aiutano a risolvere il problema quando è in difficoltà, è più difficile che possa imparare). Considerare capricci questi atteggiamenti non fa che peggiorare la situazione: ti fa mettere in campo comportamenti e soluzioni inappropriati di fronte ai quali tuo figlio non si sente compreso e *perde la fiducia* nei tuoi confronti. Ciò che fai, infatti, mira solo ad arginare il capriccio; in realtà dovresti renderti disponibile ad accogliere e sanare il suo disagio (ovvero la causa scatenante).

Ma allora che cosa sono i capricci?

Proviamo a spiegarlo meglio. Come ti abbiamo già anticipato, dietro ogni capriccio si nasconde un disagio reale e profondo del bambino. Ma cosa significa veramente? Pensaci un attimo: se tuo figlio riuscisse a risolvere le sue questioni da solo, a dirti sempre quello che prova e quali sono i suoi bisogni, credi davvero che inizierebbe a impuntarsi, a piangere, a instaurare con te una lotta di potere? Non pensi sia più probabile il contrario? Quando è sereno e tranquillo, quando si sente ascoltato e capito, infatti, non piange, non urla, non si incaponisce (proprio come faresti tu). Se lo fa, è perché *ha un motivo valido*. I motivi possono essere tanti e disparati. Per esempio, hai presente quando ti chiede una caramella subito dopo aver mangiato un panino a merenda?

Vogliamo partire da questo esempio perché spesso, quando si entra in tema di caramelle o cioccolatini, quasi senza pensarci rispondiamo con la classica frase: "Adesso no, non è ora!". Ovviamente non ti stiamo suggerendo di fargli mangiare chili di caramelle a tutte le ore (più avanti ti spiegheremo in dettaglio come dire di no e fare in modo che il no venga percepito favorevolmente)... Non è questo il punto. Vogliamo solo proporti una semplice riflessione: spesso, chissà perché (o forse lo sappiamo?), noi adulti rispondiamo di no a priori, a volte senza un vero motivo. Per tornare al nostro esempio, non ti è mai successo di avere voglia di qualcosa di dolce alla fine del pasto? Perché in quel caso noi adulti possiamo aprire la credenza e prendere un dolcetto o un cioccolatino e i bambini no? Si tratta solo di un esempio, ma il nostro obiettivo in questo momento è farti riflettere sul punto di vista: spesso, se ti metti nei panni di tuo figlio e prendi in considerazione il suo, scopri di poter dare un nuovo valore alle tue risposte.

Davanti alle sue richieste, potresti per prima cosa domandarti se stai dicendo di no per un motivo particolare (tuo figlio sta correndo verso una strada molto trafficata e non accenna a fermarsi né a vedere il pericolo) o se, pensandoci bene, non ci siano controindicazioni reali a dire di sì (a parte i dubbi o le incertezze dettati dai condizionamenti: "Farò bene?", "Ma non si può averla sempre vinta nella vita, a me hanno insegnato così!", "E se poi continua a chiedere e chiedere, che cosa faccio?", "E se poi diventa un tiranno, come mi riapproprio del mio potere su di lui?").

In fondo, che cosa sarà mai una caramella? Che cosa sarà mai mettere una maglietta anziché un'altra o non finire quello che c'è nel piatto?

Ci rendiamo conto che in alcuni casi la situazione è più complessa di come la stiamo dipingendo. Per questo abbiamo ancora molte pagine a disposizione per dipanare la matassa: per ora ci interessava solo mettere un punto fermo sulla questione dell'elasticità, avviare una sana riflessione sul perché facciamo le cose, domandarci se è sempre il caso di imporre dei limiti e dei no o se, ogni tanto, è possibile avere un atteggiamento più morbido. Questo può essere un ottimo punto di partenza.

I toni duri, le urla, i divieti comunicati e imposti con rabbia umiliano tuo figlio e lo fanno sentire inadeguato. Ma non finisce qui.

Le cose che gli vieti sono proprio quelle che tenderà a fare di più: in altre parole, rischi di alimentare un conflitto con l'autorità che si porterà dietro tutta la vita (e l'autorità con cui entrerà in conflitto negli anni della crescita sei proprio tu!). Eccoti spiegata, in modo sintetico, una delle cause alla base delle incomprensioni e dei conflitti fra genitori e figli.

Due soluzioni "salvavita" per migliorare da oggi la relazione con tuo figlio

Per evitare i rischi che abbiamo appena descritto esistono due vie semplici e risolutive, capaci di eliminare i capricci alla radice e al tempo stesso di rendere più armoniosa la relazione con tuo figlio (cosa che invece non fa il metodo tradizionale "urla-punisci-sgrida-imponi-non viziarlo-comandi tu: lui è solo un bambino e non capisce").

NON SI TRATTA
DI ACCETTARE O MENO
COMPORTAMENTI INOPPORTUNI.
SI TRATTA DI MODIFICARE ALLA BASE
IL NOSTRO MODO DI PENSARE
E DI METTERCI A DISPOSIZIONE
DEL BAMBINO, PRENDENDO
IN CONSIDERAZIONE I SUOI BISOGNI,
LE SUE ISTANZE, LE SUE RAGIONI.

Proseguendo nella lettura, finirai per convincerti che le tue aspettative e il tuo atteggiamento influiscono davvero sul comportamento di tuo figlio: se cambi tu, cambierà anche lui. Ma adesso vediamo più nel dettaglio come fare.

L'ANTICIPO DEL BISOGNO

(ovvero come Roberta e Antonio prevengono i capricci)

Anticipare i bisogni di tuo figlio non è prostrarsi al suo servizio o dargli ciò che vuole prima ancora che te lo chieda. Sarebbe deleterio per la sua crescita affettiva: lo stimolo e il desiderio lo aiutano a sviluppare la volontà, la capacità di ingegnarsi per ottenere ciò che desidera. Un genitore che agisce così, inoltre, rischia di mostrarsi debole e lassista, di perdere autorità. Se il bambino non lo sente capace di interpretare il proprio ruolo in modo adeguato, la sua sicurezza vacilla, si attivano le paure e inizia a mancare la fiducia.

Chiamiamo "anticipo del bisogno" la capacità di prestare attenzione alle richieste che tuo figlio esprime e alle esigenze che vive interiormente (i suoi bisogni e i suoi desideri) ma non è in grado di verbalizzare (perché troppo piccolo o perché non abituato a chiedere o a esternare ciò che prova). Una volta individuata la sua esigenza, il passo successivo consiste nell'assecondarla senza remore.

Come? Vediamolo con un esempio, tratto anche in questo caso dalla storia del piccolo V.

DAL DIARIO DI ROBERTA
LA PISTOLA E LE BOLLE DI SAPONE

La scorsa estate V. riceve in regalo una pistola spara bolle di sapone. Lui ne va matto... Dopo un paio d'ore i flaconcini di acqua saponata finiscono e la pistola non spara più. Con suo grande dispiacere, bisogna sospendere il gioco anche se la voglia di giocare è ancora tanta. La mattina dopo esco a fare qualche commissione e rientro con una sorpresa: ben due flaconcini di bolle di sapone (2 euro spesi)! V. è contentissimo, inizia a giocare e le bolle finiscono in fretta. Il giorno dopo torno a casa con un altro flacone (1 euro speso). V. è sempre felice, ma questa volta mi dice: "Grazie, grazie, però adesso basta, non comprarne più!".

Capita lo stesso al supermercato, ogni volta che arriva dalla Bielorussia. V. è un bambino che tende a compensare i vuoti affettivi con i dolci. Sono consapevole che portarlo al supermercato direttamente dall'aeroporto potrebbe essere un vero suicidio per il portafoglio e per il suo stomaco, ma sono curiosa di vedere come va. Dopo aver pesato la frutta e la verdura, arriviamo al reparto dolci e caramelle. Che fare? Non sono certo il tipo da fingere che non esista... Non cerco di distrarre il bambino perché non lo veda, non mi affanno a passarci velocemente dicendogli che non abbiamo tempo: con grande serenità, anzi, punto il carrello verso gli scaffali tanto temuti dagli adulti e dico a V. che può prendere le caramelle che più gli piacciono.
Per il solo fatto di sentirsi dire così, V. non prova il bisogno di riempire compulsivamente il carrello di pacchetti. Li sceglie accuratamente e, quando ce n'è uno che attira la sua attenzione, mi guarda per avere assenso, che naturalmente gli concedo. Sceglie due o tre pacchetti e poi mi avvicino. Inizio a percorrere lo scaffale con lo sguardo, soffermandomi su diverse marche, gusti e colori, e ogni tanto pesco qualche altro pacchetto chiedendogli quale preferisca. A volte ne sceglie uno, altre mi dice che va bene così. In entrambi i casi lo guardo con aria complice, poi torno indietro per prendere un altro pacchetto delle sue caramelle preferite e lo infilo furtivamente nel carrello. Lui mi guarda, piega la testa di lato e mi sorride...
In questo modo, arrivati alla corsia dei giocattoli i suoi bisogni sono già appagati: ho interagito con lui tutto il tempo, senza dargli modo di annoiarsi e ripiegare impulsivamente su biscotti, bibite o merendine (il mio scopo non è intrattenerlo perché non veda i biscotti, ma divertirmi con lui, non farlo annoiare). V., in effetti, non bada quasi ai giocattoli. Sono io a fermarmi, a guardarli (scelgo solo cose piccole, fra i 3 e i 20 euro), a chiedergli se c'è qualcosa che possiamo prendere. Lui risponde di no: dice che a casa abbiamo già altri giochi e che possiamo usare quelli. Voilà!
Le prime volte che veniva in Italia non era così. Le caramelle allora non bastavano, e nel carrello finivano sempre almeno due giochi. Tutti acquisti che, nei primi tempi, mi permettevano di colmare subito un bisogno e un vuoto:

per entrare in contatto con lui, all'inizio, dovevo ascoltare la sua tendenza (tipica di molti bambini di oggi) a compensare i vuoti affettivi con oggetti o cose da mangiare. Sapevo che nei giorni successivi il bisogno sarebbe scemato lentamente, e così è stato. Ho proseguito a piccoli passi, finché le sue richieste sono lentamente diminuite. Oggi sono praticamente pari a zero. Certo, ogni tanto capita anche a lui di chiedere cose costose e inutili. A Natale, per esempio, ha ricevuto due confezioni di Lego. Ha montato tutto in due pomeriggi, ci ha giocato diverse sere e si è divertito a smontare e a rimontare tutto. Poi, sull'onda dell'entusiasmo, ne ha chiesti altri. Cosa fare?
In base all'anticipo del bisogno dovrei comprargli tutto quello che chiede? Ovviamente no. Perché ciò che conta davvero è il principio che ci sta dietro. Anche quando lo metto in pratica non devo mai dimenticare i limiti del buon senso e della misura. Cosa fare, dunque? Quel giorno gli ho risposto così: "Ti piace quella super macchina trasformabile? Guarda quanti pezzi abbiamo (indico il cestone pieno di pezzi di Lego)! Scarichiamo le istruzioni da Internet (ci sono davvero) e costruiamola con i pezzi che abbiamo".
Così abbiamo fatto: ci siamo impegnati e divertiti, e il suo bisogno è stato soddisfatto senza spendere altri 100 euro per un gioco che al momento desiderava ma che poi non ha più chiesto. V. ha imparato che è possibile divertirsi con ciò che ha, che il punto non è avere o accumulare cose indiscriminatamente (come le sue carenze affettive e la sua estrema povertà potrebbero portarlo a pensare), ma riuscire a soddisfare i propri bisogni, a imparare e a divertirsi indipendentemente dagli oggetti o dai giochi di cui dispone.
P.S.: Ho evitato frasi del tipo: "Non ce lo possiamo permettere", "Ne abbiamo appena comprati due", "Ma sei matto, con quello che costa!", "Non ho la macchina che fa i soldi", "Adesso non esagerare", "Poi vediamo" ecc. Il risultato sarebbe stato solo quello di infierire sulla sua autostima con frasi poco felici e condizionanti che lui poi a sua volta avrebbe utilizzato da grande.

Che cosa c'è di tanto strano in questo modo di fare? Ti sembra particolarmente speciale o innovativo?

No.

Eppure, molto spesso, i preconcetti e l'educazione che abbiamo ricevuto ci impediscono di superare i nostri limiti mentali. Farlo in realtà è facile e dà risultati immediati, ma richiede elasticità, e sappiamo che questo all'inizio può richiedere un piccolo sforzo da parte tua.

IN EFFETTI, DI FRONTE
ALLE RICHIESTE DEI BAMBINI,
IL NO LA FA SPESSO DA PADRONE
ANCHE QUANDO NON CI SONO
MOTIVI REALI.

Altrettanto spesso, il dare dell'adulto sembra più simile a un concedere, accompagnato da commenti, divieti e giudizi esternati con rabbia e con toni duri:

- "Adesso non ho tempo, smettila!"
- "A cosa ti serve?"
- "Solo uno!"
- "Scegli, tutti non è possibile!"
- "No, non toccare!"
- "Fermo! Non correre! Mi fai proprio disperare!"
- "No, lì no! Perché non mi ascolti?"
- "Magari per il tuo compleanno..."
- "Ti sembra il caso?"
- "Cosa ci farai mai con tutti questi Lego?"
- "Guarda che tutte queste caramelle non vanno bene!"
- "Te lo sei meritato?"
- "Non te lo meriti, con tutto quello che combini..."

Pronunciate da mamma e papà, cioè da due figure che dovrebbero rappresentare per lui una fonte di comprensione e di sicurezza, queste frasi finiscono per esprimere un messaggio contraddittorio e deludente: "Ma come? Proprio tu che sei qui per capirmi, per aiutarmi e per soddisfarmi mi dici che quello che sento non ha un riscontro nella realtà, che ciò che desidero non può avvenire. Allora mi devo sentire inadeguato, incapace.... Che delusione...".

Siamo arrivati a un passaggio importante. *Inizi a vedere da dove viene il pessimismo degli adulti*, la sfiducia che hanno in se stessi e nella possibilità di realizzare i propri sogni? L'anticipo del bisogno è un invito a mostrarti più disponibile, più accondiscendente, meno sospettoso e rigido anche nei confronti di te stesso.

Spegnere la TV con le minacce o senza capricci

Se all'ora dei cartoni animati ogni volta è un tira e molla, perché non lasciargli qualche minuto in più, se sai che lo desidera? Di solito lo scenario è questo:

Approccio colpevolizzante e tirannico
(o come farsi il sangue amaro)

"Alberto, spegni e vieni a tavola. Dài, spegni... Mi hai sentito? Ti ho detto di spegnere! Lo fai apposta? Adesso basta, te la spengo e domani non la guardi più!"

Il tutto condito da un progressivo alzarsi della voce, della temperatura corporea, della tensione e della rabbia da parte tua e di un senso di incomprensione e inadeguatezza da parte del bambino.

Questo contribuisce ad aumentare giorno dopo giorno il conflitto con l'autorità-genitore che proseguirà, potenziato, nella fase adolescenziale.

Approccio con anticipo del bisogno
(o come mantenere la calma)

"Amore, fra poco è ora di spegnere: la cena è quasi pronta, ma tu guardala ancora tranquillo." Dieci minuti dopo: "Ti piace questo cartone, eh? Guardalo ancora un po', quando torno spegniamo e andiamo di là". Il tutto condito da serenità, calma, sorrisi e disponibilità di cuore.

C'è differenza rispetto al primo esempio? Che sensazione provi di fronte all'uno e all'altro? Da piccolo quale avresti preferito che usassero con te?

Se dici che non funziona, probabilmente non ci hai mai provato davvero o non hai insistito abbastanza (hai tentato un giorno ma poi hai iniziato a scordartene).

E se mio figlio chiede sempre la cioccolata?

Se sai che a volte ti chiede una merendina o un pezzo di cioccolata dietro l'altro, cosa potresti dire? E soprattutto, come potresti dirlo? Anche in questo caso non è insolito ascoltare frasi quelle che riportiamo di seguito.

Approccio colpevolizzante e tirannico
(o come farsi il sangue amaro)

"Adesso basta, ingrassi! Non ti fanno bene, lo sai! Non hai sentito? Ti ho detto di no! Ti verrà il diabete se continui così... Smettila di mangiare tutte quelle schifezze!"

Il problema è risolto? No.

Tuo figlio si sente accusato, inadeguato, ha un bisogno irrefrenabile che non sa come gestire e non capisce perché ti stai scaldando così tanto. Cosa potresti dire invece? Per esempio potresti anticipare il bisogno: "Amore, vuoi un pezzetto di cioccolata? Tieni, te ne do due!". Dieci minuti dopo potrebbe chiedertene ancora ma per te, a quel punto, è troppo. Ecco come puoi rispondere:

Approccio con anticipo del bisogno
(o come mantenere la calma)

"Lo so che ne vorresti ancora. Adesso non è possibile, ne mangerai altri due domani...", "Mannaggia, che mamma terribile hai che non te lo vuole dare (mantieni la calma, sorridi serenamente)!"

Come vedi, non arrabbiarsi, restare neutrali ed evitare di partire con un NO, BASTA! ADESSO NO! è fondamentale.

Questo non equivale a essere lassista e concedere tutto. Tutt'altro: significa essere comprensivo di fronte alle richieste di tuo figlio, rispondergli con gentilezza, senza ricorrere ai toni duri che forse i tuoi genitori hanno usato con te e che oggi anche tu tendi a utilizzare automaticamente, senza rendertene conto. Perché i no e i limiti si possono comunicare in tanti modi...

Hai paura di viziarlo?

I VIZI NON ESISTONO.
SONO SOLO UN PRECONCETTO
DI CHI HA VISSUTO NELLA PRIVAZIONE,
DI CHI PROVA INVIDIA PER GLI ALTRI
RITENENDOSI INFERIORE
O DI CHI SUBISCE L'INGIUSTIZIA
DI NON AVERE E DI NON ESSERE ABBASTANZA.

Gli esempi di approccio colpevolizzante e tirannico sono una delle probabili cause di questo atteggiamento, che continua a influenzarci anche da adulti dirottandoci verso l'infelicità.

Che cosa ti garantisce che l'altro tipo di approccio non sfocerà in un vizio? Come vedremo, è importante riuscire a collegare l'anticipo del bisogno alla motivazione profonda, al vuoto affettivo che spinge il bambino a essere particolarmente capriccioso o insistente.

"Tutto bello fin qui, ma con il mio non funziona"

Forse adesso starai pensando: "La fate facile voi: provate a venire a casa mia mentre mio figlio urla e si dimena per terra!", o: "Non può funzionare con tutti, ogni bambino è diverso".

È vero, ognuno è diverso nelle sue passioni, nei suoi talenti e nelle sue debolezze: con gli anni sviluppa un temperamento e un punto di vista propri, pregi e difetti che saranno soltanto suoi... Ma i bisogni emotivi sono gli stessi per ogni bambino di questa Terra, bianco, nero, giallo o blu... Ci sono necessità fisiologiche e naturali che tutti seguono: il bisogno di essere nutriti, di giocare, di parlare, di camminare, l'esigenza fisiologica di stare con mamma e papà, di ricevere da loro coccole e attenzioni, l'impulso a imitare quello che fanno i grandi.

Anche l'istinto che per i primi sette anni di vita lo spinge a considerare suo ciò che lo circonda è comune a tutti (si chiama fase egocentrica, e abbiamo già visto che è fisiologica e inevitabile). I bisogni naturali sono uguali per tutti. Quello che cambia (oltre ai talenti e al temperamento di ciascuno) è l'atteggiamento e l'approccio dell'adulto che li accompagna nel loro processo di crescita.

Se vuoi puoi continuare a credere che le punizioni, le sgridate e i divieti imposti con rabbia siano indispensabili. Se preferisci, puoi anche decidere di interrompere qui la lettura, ma per favore, se tuo figlio fa i "capricci" non prendertela con lui! La verità è che ha sempre un buon motivo. Qualcosa ha creato in lui un disagio emotivo: è questa la vera causa scatenante ed è lì che devi agire se vuoi risolvere la situazione.

"URLA-PUNISCI-SGRIDA-IMPONI-
NON VIZIARLO-COMANDI TU":
SE QUESTO METODO È COSÌ EFFICACE,
PERCHÉ IL 99% DEI GENITORI
HA DIFFICOLTÀ A RELAZIONARSI
CON I FIGLI?

Perché i genitori non riescono a farsi capire dai figli e i figli non si sentono capiti dai genitori? Perché la maggioranza degli adulti ha conflitti con la propria famiglia di origine? Non ti sembra strano? E tu, come ti sentivi quando ti giudicavano un bambino capriccioso e viziato, quando piangevi e ti facevano smettere minacciando di darti una sberla o di mandarti subito in camera? Torna un po' indietro con la memoria: anche tu, da piccolo, avevi un buon motivo per essere triste o per non voler fare questo o quello. Non lo facevi di proposito, e ogni volta che eri triste ti veniva spontaneo ricorrere ai capricci. Ecco il punto:

I BAMBINI SEGUONO
PRINCIPI FISIOLOGICI NATURALI
E HANNO BISOGNI EMOTIVI INNATI.
QUESTI PRINCIPI E QUESTI FATTORI
SONO IL LORO LINGUAGGIO.
SOLO CHI SI ADEGUA A QUESTO LINGUAGGIO
PUÒ COMPRENDERLI E AIUTARLI
A CRESCERE FELICI E SERENI.

Noi invece cosa siamo abituati a fare? Spesso, invece di adeguarci al loro linguaggio, liquidiamo subito la questione: li giudichiamo, diamo per scontato che il loro sia solo un capriccio e non ci chiediamo:

- Perché oggi non vuole mangiare la pasta (magari non trova il suo gioco preferito ed è arrabbiato ma non sa come dircelo)?
- Perché si è svegliato giù di corda e non vuole mettersi quella maglietta (magari ieri ha litigato con un amichetto e non vuole tornare a scuola)?
- Perché non vuole lavarsi le mani e sta piangendo (magari il papà lo ha sgridato un po' duramente quando ha rotto per sbaglio un bicchiere e ora si sente triste e umiliato)?

Dietro questi atteggiamenti apparentemente bizzarri, isterici e incomprensibili si nasconde la VERA CAUSA: c'è sempre un NODO EMOTIVO a scatenare i COMPORTAMENTI ESTERNI che noi definiamo erroneamente "capricciosi".

Se da questi primi esempi ti sei fatto l'idea che riusciamo a cavarcela con i bambini e con i ragazzi difficili solo perché concediamo tutto in anticipo, sei fuori strada.

In tutte le esperienze pratiche che stiamo condividendo con te l'obiettivo è sempre stato uno: assecondare il bambino, farlo sentire compreso, utilizzare il suo linguaggio per trasmettergli la stima e la fiducia che ci permetteranno di correggere lentamente le sue abitudini (lavarsi, riordinare, essere gentile e ringraziare, stare composto a tavola ecc.).

Forse adesso stai pensando: "Non può essere vero!", "Ma scherziamo? È troppo facile!", oppure: "No, è troppo difficile!", o ancora: "E gli altri che cosa diranno?".

Ci può stare: il cervello umano, di fronte alle novità, tende subito a liquidarle come assurde, impossibili, non efficaci. Ma se a leggerle è una persona flessibile, curiosa e capace di mettersi in gioco, allora forse...

LA FERMEZZA NELLE SCELTE
(ovvero ciò che il 90% dei genitori non fa)

Quando avevamo i bambini in affido, notavamo quotidianamente i danni di un'educazione troppo lassista da parte di genitori deboli, sottomessi e sfiduciati (anche dietro gli adulti verbalmente o fisicamente violenti si nasconde un temperamento fragile e insicuro). Non solo. Ancora oggi, durante le consulenze, continuiamo a notare che una grande difficoltà dei genitori è l'abitudine di lasciare le redini ai figli in fatto di scelte.

Un conto è assecondare la curiosità di tuo figlio porgendogli il gioco che preferisce o l'oggetto verso cui è attratto in quel momento (per esempio prendendolo in braccio per fargli schiacciare il tasto del citofono, se era quello che lo incuriosiva), un altro è chiedergli di decidere su qualsiasi cosa riguardi lui o la gestione di spazi e tempi familiari per accontentarlo, perché non sai cosa fare o non riesci a capire cosa è meglio per lui o cosa preferisce.

Ecco ciò che accade molto spesso nel dialogo mamma-bambino o nel triangolo mamma-papà-figlio:

– "Cosa facciamo, ci andiamo dopo dalla nonna?"
– "Andiamo al parco: vieni?"
– "La vuoi la pastina?"
– "Lo mangi il sugo rosso? Ne vuoi un altro?"
– "Ti piace questa maglietta che ha tirato fuori la mamma? Te la metti che fra dieci minuti dobbiamo uscire?"
– "Inizi a fare i compiti?"
– "Vuoi guardare la TV?"
– "Vuoi comprare questi pantaloni oppure questi?"

Ovvero, l'adulto chiede al figlio cosa preferisce fare di fronte a situazioni in cui lui, se fosse solo, non avrebbe alcuna autonomia (prendere l'auto per andare al parco o dalla nonna, cucinarsi la pasta, riempirsi l'armadio di vestiti, lavarli o stirarli quando sono sporchi ecc.).

Prova a metterti nei panni di tuo figlio: che cosa accade dentro di lui mentre gli chiedi queste cose? Se ha superato la fase egocentrica, sarà lui per primo a lanciare a te la domanda e a confrontarsi con te sulle scelte o le preferenze di entrambi.

Ma durante la fase egocentrica questo non avviene: non ha ancora sviluppato né a livello intellettivo né a livello emotivo la capacità di sostenere delle decisioni. Quando lo metti davanti a una scelta, proprio come negli esempi di poco fa, si trova davanti a qualcosa che è più grande di lui e pensa: "Oh mamma... e io cosa ne so? Ma non dovrebbe essere lui a decidere per me? Io sono soltanto un bambino: dovrebbero essere loro a mostrarmi come si fa, come si comporta una persona risoluta e sicura di sé. Se vedo come fanno posso imitarli, imparare (ne ho davvero voglia, mi piace tantissimo)...

"Adesso però si aspetta una risposta da me... Che cosa dico? Io so solo a cosa voglio giocare, non so decidere sul resto: non so a che ora si deve andare dai nonni, non so dire se è meglio il pomodoro o il pesto, che cosa cambia se vado al parco o rimango a casa... E se poi sbaglio? Se la risposta che do non è giusta? E se poi mamma o papà non mi vogliono più bene perché ho risposto così?".

Tutto questo lo fa entrare in un circolo vizioso deleterio. Sentendosi insicuro si sintonizza sulle naturali capacità della sua età, ma se il genitore si aspetta una risposta che lui non è in grado di dare, ecco che inizia a percepire queste capacità come una debolezza, finendo per sentirsi fragile e inadeguato. Non si sente più all'altezza (e intanto l'autostima inizia a colare a picco...). Non solo. Che opinione pensi possa sviluppare di un genitore che non sceglie e che delude le sue aspettative?

Tuo figlio si sintonizza sulla paura: "Oh mamma... se non sanno scegliere tra la pasta a forma di farfalla o di stellina, cosa succede se arriva il lupo cattivo o un uragano? (Ricorda, siamo pur sempre mammiferi: queste sensazioni istintive si attivano naturalmente nel bambino e a volte anche in noi adulti, per esempio se la luce si spegne di colpo e rimaniamo al buio o ci troviamo a camminare da soli in una strada buia e isolata.) Il lupo sarebbe più forte di loro... di sicuro finiremmo tutti nella sua pancia... Oh mamma, che paura! E adesso chi mi difende? Su chi posso contare?".

Il problema non è che si sintonizzi sulle sue paure. Prima o poi, è bene che sperimenti questa o altre sensazioni di disagio (di solito è la vita a metterlo di fronte a prove del genere, senza bisogno che ci pensino i genitori). Però deve anche imparare a gestirle, e questo può farlo solo grazie all'esempio di mamma e papà. Ma se il bambino perde fiducia in noi, se non ci ritiene persone abbastanza sicure o equilibrate, se non ha sperimentato attraverso il vivere quotidiano che siamo all'altezza delle sue aspettative, smette di credere in noi e di prenderci come esempio. E cosa succede a quel punto? Dato che non sempre riesce a trovare altri adulti che gli diano sicurezza (un nonno, uno zio, un fratello o una sorella più grandi), ecco che... ci pensa da sé!

Hai capito bene, ci pensa da sé: "Visto che non sanno decidere e non possono difendermi, mi sa che devo fare da solo: da oggi metto da parte la mia natura, inizio a fare l'adulto... Ne sarò capace? Che disagio, che paura...".

Inizia a controllare, a dominare: vuole difendersi, essere sicuro di avere quella forza e quella sicurezza che si aspettava da mamma e papà.

Puoi osservare questo atteggiamento nei bambini che a 4-5 anni parlano già come adulti e si atteggiano come adulti: per esempio le bambine che si truccano, non per gioco, ma perché si sentono grandi come la mamma, o i bambini che vogliono portare le borse della spesa o chiedono di continuo: "E adesso cosa facciamo?", si infilano nei discorsi dei grandi dicendo la loro perché si sentono in una relazione alla pari, vogliono avere chiaro ciò che sta per accadere per mantenere il controllo della situazione ("Quando andiamo dalla nonna? Perché non me lo hai detto... volevo decidere iooooooo!!! *Uuuaaahhh*!!!", "E adesso cosa facciamo? Perché papà prende la macchina?" ecc.). Se li osservi, noti che spesso hanno il corpo in tensione, che non si sanno rilassare, decidono loro quando devi fargli coccole e spesso sono loro a farle a te (non per piacere ma per controllare, per comportarsi da grandi, perché perdono l'abitudine a mollare la presa, a lasciarsi andare).

Potremmo farti molti altri esempi, ma ci fermiamo qui. È più utile dirti perché è così importante che sia tu a scegliere (naturalmente, tenendo sempre conto dei bisogni e delle esigenze di tuo figlio):

- Perché *sei tu il suo riferimento.*
- Perché, soprattutto all'inizio e nel cuore della fase egocentrica, non ha ancora sviluppato le *competenze interiori* necessarie per scegliere da solo.
- Perché *scegliere a questa età è fonte di ansia*, dubbi e paure.
- Perché se lo guidi *lo rassicuri.*
- Perché ti vede come un adulto sicuro, fermo e deciso e *seguirà il tuo esempio da grande.*

Ecco che cosa puoi fare concretamente a partire da domani. Se per esempio sai che a tuo figlio piace andare al parco e che quel pomeriggio potete uscire dieci minuti o un quarto d'ora prima dell'ora che avevi stabilito, aiutalo a finire quello che sta facendo e digli: "Adesso ci mettiamo la giacca e usciamo, mamma ti porta a vedere se ci sono ancora gli uccellini sul nido dell'albero". Infilati la giacca in modo risoluto, se ha bisogno aiutalo con la sua e poi di': "Ecco fatto. Controllo se è tutto chiuso: ok, possiamo andare. Chissà se fuori fa freddo... Vieni (lo prendi per mano), andiamo a sentire". Parlagli di ciò che state per fare usando immagini concrete che stimolino la sua curiosità e lo aiutino a proiettarsi in ciò che sta per succedere. Se invece chiedi: "Amore, che ne dici... andiamo al parco? Vuoi giocare un po' con gli uccellini...?", lo stai mettendo nelle condizioni di scegliere: lui potrebbe dirti di no, e tu potresti essere costretto a gestirlo, con tutto quello che ne deriva.

RICORDA: TUO FIGLIO HA BISOGNO
DI ESSERE GUIDATO, NON DI SENTIRE
IL PESO DELLE RESPONSABILITÀ.
HA BISOGNO DI GIOCARE, DI IMPARARE DIVERTENDOSI,
DI OSSERVARE IL TUO COMPORTAMENTO
PER RIUSCIRE A REPLICARLO QUANDO SARÀ PRONTO
(A PICCOLI PASSI, FRA GLI 8 E I 10 ANNI).

Un altro punto importante: metti in pratica i nostri suggerimenti in ogni situazione, ma quando si tratta di giocare lascialo libero di scegliere. In quel caso lascia che sia lui a guidarti: le sue scelte rispondono a un'esigenza interiore, a un suo bisogno istintivo di imparare attraverso ciò che sta facendo.

capitolo 6

PERCHÉ FA I CAPRICCI?
LE 11 VERE CAUSE

DAL DIARIO DI ROBERTA

I PRIMI PASSI DI F.

Quando arrivò da noi era inverno. Salutai la madre e guardai quel fagotto caldo e ingombrante cercando di vedere oltre la sciarpetta di lana e il cappello con le orecchie da orsetto... Che sorpresa! Due occhioni nerissimi, due guanciotte lisce e morbide del colore del cioccolato fondente! Una bambina bellissima di poco più di 1 anno arrivava a farci compagnia insieme alla sua mamma. Allora non sapevo che sarebbe rimasta con noi per più di cinque anni e che presto le avrei fatto da madre.

Dopo la gioia e la fatica dell'inserimento, a mano a mano che la quotidianità prendeva forma, iniziavano a venire a galla i problemi. Una donna diventata mamma troppo presto, con una storia tragica alle spalle che non le aveva fatto desiderare davvero di essere madre perché non le aveva mai dato neppure la possibilità di essere bambina, figlia, ragazza, donna. Le sue difficoltà e i suoi trascorsi trapelavano con un'evidenza a volte dirompente nel suo modo di rapportarsi alla bambina, a volte anche con noi.

Se i suoi problemi e le sue difficoltà emotive erano evidenti nelle loro dinamiche di relazione, bastava osservare la bambina per capire che anche in lei molte cose non andavano. F. piagnucolava dal mattino alla sera, non c'era nulla che le andasse bene: seduta no, in braccio no, in giro no,

mangiare no, cambiare il pannolino no, vestirsi no ecc. A volte il suo pianto si acuiva e diventava straziante per lei e per me, altre rimaneva sullo sfondo come un lamento costante. Le lacrime e il moccolo al naso ormai facevano parte del suo viso. L'empatia che provavo di fronte al suo disagio era penosa, lacerante.
Sapevo che quel disagio si annidava anche nelle viscere della madre, ma in quei casi te ne fai una ragione: l'adulto può riscattarsi, può difendersi, anche da se stesso... Ma un bambino no: lui subisce e basta.
F. a tavola non mangiava, si sporcava e spargeva cibo ovunque: alla fine la madre gettava la spugna ripiegando su un biberon di latte e biscotti prima di andare a dormire (più facile da somministrare e meno impegnativo rispetto alle fatiche dello svezzamento). Non camminava, voleva sempre stare in braccio (è anche vero che sua madre preferiva tenerla in braccio o nel passeggino per evitare di starle dietro o accompagnarla nei primi passi). F. era una bambina davvero capricciosa, a volte logorante...
Dopo qualche tempo, per decisione delle autorità competenti, la madre è stata allontanata dalla bambina: da un giorno all'altro, ci siamo ritrovati alle prese con una creatura sola e indifesa, traumatizzata da quel distacco brutale. Potendo scegliere, ovviamente, avremmo preferito accompagnarle in un percorso graduale di autonomia e costruzione di un futuro solido, sia a livello concreto sia dal punto di vista emotivo e affettivo. Ma non è stato possibile: non ci restava altro che salvaguardare F. e crescerla nel modo migliore.
Nel corso del tempo siamo diventati i suoi adulti di riferimento: eravamo noi a vestirla, a cambiarla, a coccolarla, a parlarle, a farla giocare, a farla dormire. Se torno indietro con la memoria, mi stupisco ancora della sua metamorfosi. È bastato metterla a contatto con adulti emotivamente più equilibrati e disposti a prendere in considerazione i suoi bisogni: mangiare come tutti gli altri con la forchettina o il cucchiaio, avere il pannolino pulito, gattonare liberamente per terra (è chiaro che questi passaggi richiedono più pazienza, ma non si tratta di cose impossibili o particolarmente difficili).
Con F. non ho mai usato strategie particolari, come invece mi è capitato con bambini più grandi e particolarmente ag-

gressivi, autolesionisti o iperattivi. Mi è bastato comportarmi in modo normale, fare le cose minime che chiedono tutti i bambini di questo mondo: la guardavo negli occhi, parlavo con lei, la assecondavo nelle sue richieste, nella sua voglia di giocare e nelle sue scoperte, ero paziente e amorevole, le elargivo le mie coccole e i miei sorrisi, risolvevo i suoi problemi, ero disposta ad accoglierla se piangeva. Tutto qui. È bastato questo per vedere il suo dramma interiore sciogliersi nel giro di qualche giorno (davvero di qualche giorno...): F. ha smesso di lamentarsi, voleva recuperare, iniziare a camminare, rendersi autonoma nel controllo degli sfinteri, mangiare da sola.
Vederla sorridere, giocare e sprizzare felicità da tutti i pori, vederla disposta a collaborare con i grandi e a comunicare a parole i suoi eventuali disagi è stata una gioia immensa che ancora oggi mi riempie il cuore.

I 2 pilastri della questione capricci

Prima di affrontare la questione capricci, elenchiamo i 2 pilastri fondamentali:

1. La consapevolezza che i capricci non sono mai solo capricci.
2. La capacità di arrivare alla motivazione profonda.

Nelle prossime pagine affronteremo insieme questi due punti.

Trovare la motivazione profonda del disagio permette di risolverne la causa. Fermarsi ai capricci, invece, è limitarsi a ricucire una situazione appellandosi spasmodicamente (e superficialmente) a una presunta normalità di comportamento.

Non credere alla storia che i capricci siano positivi per la crescita: il bambino non li fa per misurarsi con se stesso o con gli adulti che si occupano di lui.

I CAPRICCI SONO IL SUO MODO
DI CHIEDERE AIUTO, DI GESTIRE UNA FRUSTRAZIONE,
DI SCARICARE UNA TENSIONE EMOTIVA.

Le 11 cause dei capricci

Il bambino è confuso, sconfortato: si sente disarmato, insicuro, frustrato. "Fare i capricci" è la sua ultima spiaggia (a meno che non abbia genitori particolarmente inclini alla critica e al lamento: in quel caso è quasi scontato che imiti gli adulti con atteggiamenti particolarmente capricciosi).

Quali situazioni di disagio possono spingerlo a inscenare quelli che noi chiamiamo capricci? Vediamo insieme alcune delle possibili cause.

1. *Gli mancano attenzioni*

È la motivazione più frequente e quella che di solito si accompagna a tutte le altre. *Non è vero che i bambini di oggi hanno tutto.* Hanno molto in fatto di cose superflue ma poco di ciò che conta veramente per loro (perdonaci la schiettezza).

Sono due le cose importanti a quest'età: l'*amore* e il *bisogno di attenzioni.* Amiamo i nostri figli, è vero, ma siamo certi che loro lo sappiano? Se fanno i capricci, se chiedono di continuo giochi, cibo, TV ecc., probabilmente è perché non lo sanno. E questo perché noi genitori siamo tanto (troppo) impegnati a dire cosa devono o non devono fare, come devono o non devono essere, che spesso ci dimentichiamo di dire loro quanto li amiamo e quanto sono speciali, di divertirci con loro senza bisogno che imparino o ci dimostrino per forza qualcosa.

E le attenzioni? Spesso siamo convinti di darle, a volte anche più del dovuto. Chiariamo subito un concetto: regalare giocattoli, concedere un maxischermo al plasma e un telecomando per guardare i cartoni animati a piacere, offrire cibo e acqua a volontà, pagare tante lezioni di nuoto, di danza o di calcio, passare tutto il giorno con loro (cioè condividere lo stesso spazio) fra una faccenda e l'altra da sbrigare, dire: "Smettila", "È pronto", "Metti a posto", "Adesso gioca un po' da solo, non ho ancora finito", non significa dare attenzioni, e nemmeno riuscire a compensarne la mancanza in modo adeguato. Neanche preoccuparsi e affannarsi per loro è sinonimo di amore.

Le attenzioni di mamma e papà non si compensano. I bambini si adattano, ma non sono stupidi.

"VADO ALL'ASILO, STO CON I NONNI,
GUARDO LA TV, GIOCO O LITIGO CON MIA SORELLA
MA ALLA FINE VOGLIO STARE CON LORO,
VOGLIO LE LORO ATTENZIONI, E SE NON RIESCO
AD AVERLE MI DEPRIMO, MI INNERVOSISCO,
MI MANCA QUALCOSA E PROVO A REAGIRE
PER LIBERARMI DI TUTTA QUESTA TENSIONE".

COME DARE LE GIUSTE ATTENZIONI A TUO FIGLIO

Passare tanto tempo con lui non basta, anzi, non è nemmeno la cosa più importante.

Puoi lavorare tutto il giorno e dedicargli solo due ore la sera ma riuscire comunque a comunicargli il tuo amore, la tua presenza, a farti percepire come il suo punto di riferimento più fidato.

Non è obbligatorio che provi a ritagliarti più tempo, ti basta sfruttare al meglio quello che hai. Probabilmente stai già dando le giuste attenzioni a tuo figlio. Per verificarlo puoi confrontarti con l'elenco che segue:

- *Sii presente* in ciò che fai quando sei con lui, evita di pensare ad altro.
- *Ascoltalo.*
- *Guardalo negli occhi* quando gli parli, quando ti parla, quando lo coccoli.
- *Fate tante cose insieme.*

- *Lascia che ti osservi* e ti possa imitare.
- *Renditi disponibile*: non volere a tutti i costi che impari (lo fa già spontaneamente), piuttosto seguilo nei suoi tentativi e nelle sue curiosità, accompagnalo nelle difficoltà.

2. *È nervoso o arrabbiato*

Spesso si mostra nervoso o ha manifestazioni di rabbia? È normale. Anche se il tuo atteggiamento a volte può esserne la causa, tuo figlio non ce l'ha con te: ha semplicemente bisogno di manifestare il suo disappunto, il suo stato d'animo, di liberare le sue emozioni. Cosa può essere successo? Forse il tempo che gli hai dedicato non è stato come se lo aspettava, forse vuole afferrare un gioco e non ci arriva, ha ricevuto un no troppo deciso, è stato sgridato, non ha più fame e si sente obbligato a finire quello che ha nel piatto, è stanco, non si sente capito, non ha voglia di finire i compiti.

Come vedi sono motivazioni semplici, minime, che possono presentarsi tutti i giorni. Ma ne esistono anche di più pesanti: per esempio, lo stato di nervosismo causato da genitori violenti, anaffettivi, troppo rigidi o troppo distratti. Più un bambino è piccolo, più assorbe le emozioni dei genitori (in particolare della mamma). Se in casa ci sono tensioni o preoccupazioni (tristezza, rabbia, angoscia, giudizio, critica, rancori, invidie), viene travolto da tutte queste emozioni come da un fiume in piena. Non è capace di governarle: l'unico modo che conosce è manifestarle con il corpo, con la voce, con il disappunto. Spesso non sa neppure perché lo fa, non è ancora in grado di capirlo. Se gli domandassi: "Perché lo hai fatto?", potrebbe anche dirti che non lo sa ma che non poteva farne a meno. Per questo è così importante evitare le tensioni che poi accumula e non sa come gestire.

Però può capitare. In quei casi, l'importante è che riesca a liberarle senza sentirsi sbagliato o inadeguato. Quando si mostra aggressivo, sii fermo e al tempo stesso accogliente, evita di rimproverarlo e renditi disponibile ad aiutarlo: "Amore, lo so che sei tanto arrabbiato... Arrabbiati pure, io sono qui per aiutarti, puoi sfogarti... non succede niente".

SE RIESCE A PERCEPIRE LA CALMA
E L'ASSENZA DI GIUDIZIO NELL'ADULTO,
UNA VOLTA PASSATA L'ONDATA DI RABBIA
SI CALMA NATURALMENTE
(O SCOPPIA IN UN LUNGO
PIANTO LIBERATORIO).

3. *Ha bisogno di stare con mamma e papà*

Se quando stai con lui pensi ad altro, non ne hai voglia o fai tutto di fretta, è ovvio che il tempo con te non gli basti. Se invece ti concentri su di lui, lo coinvolgi nel gioco o in quello che stai facendo in quel momento (il bucato, la cena, un foglio di carta quando sei davanti al computer o, se è più grande, una vecchia agenda per farlo sentire "in ufficio"), basta poco perché si senta soddisfatto e faccia il pieno di attenzioni.

Spesso suggeriamo ai genitori di rientrare dal lavoro un po' più tardi e di concedersi una passeggiata, un caffè con gli amici o anche solo un attimo di silenzio da passare in macchina con gli occhi chiusi. Se non recuperiamo noi per primi le energie, come possiamo pensare di averne quando apriamo la porta di casa e i nostri figli ci vogliono tutti per loro?

4. *Le sue richieste non vengono ascoltate (senza motivo)*

A volte può sentirsi frustrato perché avanza richieste che gli vengono negate senza motivazioni reali e concrete. Quando i bambini iniziano a gattonare, per esempio, si infilano dappertutto, toccano e afferrano tutto ciò che trovano sulla loro strada. Il genitore tende quasi sempre a dire "no!" anche quando non ci sono pericoli (in realtà non ci sono quasi mai pericoli se l'adulto è lì con lui a monitorare la situazione e i suoi movimenti, se asseconda la sua curiosità facendogli toccare l'oggetto che lo ha attirato prima di tornare a riporlo – esclusi ovviamente oggetti pericolosi, taglienti o appuntiti).

Per tuo figlio è molto frustrante sentire il bisogno di soddisfare una curiosità e vedersi immediatamente frenato da un no che per lui non ha giustificazioni. Spesso, infatti, questo accade proprio fra le mura domestiche, dove non ci sono dirupi, auto che sfrecciano o lupi mannari: solo sedie, tavolini, divani, soprammobili, citofoni, telefoni... Tutte cose che con la tua guida e con il tuo aiuto può toccare, scoprire e sperimentare senza farsi male. Il che per lui è una vera benedizione, oltre che un modo per tenere alta la sua autostima. Nella sua testa, infatti, succede questo: "Secondo me se tocco quell'affare va giù", "Secondo me se salgo qui sopra arrivo molto più in alto", "Che belli quei colori, voglio sentire che forma hanno" (i bambini in questa fase hanno bisogno di mettere in bocca e poi di toccare per riuscire a conoscere e "memorizzare": devono vivere le esperienze in prima persona, e non solo sentirle raccontare), "Anche io voglio quella cornetta vicino all'orecchio come papà!". Se riceve dei no perentori a tutto questo, la sua prima reazione è: "Sono inadeguato! Quello che sento dentro e quello che c'è fuori non coincidono, non sono in sintonia... C'è qualcosa che non va in me? Se mamma e papà mi dicono sempre di no forse è così: vuol dire che non mi vogliono più bene, che per loro non sono speciale..." (insicurezza, frustrazione, mancanza di stima).

Anche quando è più grande può capitare di dirgli di no a priori, per esempio quando chiede di attraversare la strada da solo e potremmo permetterglielo arginando i pericoli ma non lo facciamo: "Certo, aspetta, guardo che non arrivi nessuno e ti dico quando puoi andare. Io ti guardo, tu corri... Ecco, hai visto? Ti è piaciuto? Quando ti dico di sì lo puoi fare, se la strada è pericolosa mi dai la mano!".

Oppure quando chiede un dolcetto in più. La richiesta di

dolciumi nasconde sempre un bisogno affettivo non soddisfatto: finché c'è l'urgenza di sanare quel vuoto, è inutile privarlo della caramella. Non stiamo parlando di cento caramelle al giorno, ma di tre o quattro, a volte anche cinque (a seconda dell'entità del vuoto affettivo). All'inizio, per esempio, V. ne mangiava anche più di dieci al giorno. Possiamo dirti per esperienza che figli di famiglie più equilibrate come la tua hanno bisogno di mangiarne un numero nettamente inferiore. Se non ne vengono privati, sono loro i primi a dirti basta; se invece sentono la privazione arrivano a volerne e a chiederne sempre di più.

Del resto, capita anche a noi adulti. Che cosa succede se ti mettono davanti una teglia di tiramisù e ti dicono: "Ecco qua, però mi raccomando, puoi mangiarne solo un angolino: ti fa male, e poi ci sono anche gli altri"? È molto probabile che tu non riesca a toglierti la voglia e provi l'impulso di mangiare voracemente tutta la teglia. Se invece ti dicono: "Ecco il dolce, mangia pure: se vuoi puoi finire tutta la teglia, e se non ti basta ce ne sono altre tre in frigorifero"? A quante fette arrivi? Probabilmente a metà teglia hai già bisogno di fermarti; magari ne mangi un'altra fetta, ma poi dici basta.

Per tuo figlio è lo stesso. Se si sente assecondato non ha bisogno di chiedere in maniera ossessiva: riesce a soddisfare la sua curiosità o il suo bisogno, si tranquillizza, non sviluppa tensioni che poi devi gestire con eterni tira e molla.

COME SEI STATO PROGRAMMATO DA PICCOLO?

Di fronte a una nuova opportunità hai mai avuto paura di non farcela? Di essere inadeguato o non all'altezza di realizzare qualcosa? Di ciò che potrebbe accadere se quello che fai non funziona? Di non essere capace, di non avere le competenze per portare a termine un progetto? Tutte queste domande e questi condizionamenti sorgono dentro di te perché nell'infanzia sei stato indotto a provare queste emozioni proprio mentre cercavi di sperimentare cose nuove che gli adulti ti hanno negato, sgridandoti e impedendoti, magari con qualche scappellotto sulla mano, di metterti alla prova.

Ecco perché da adulti cerchiamo tanto la sicurezza, spesso barattandola con l'infelicità, la depressione, la tristezza, la rassegnazione all'idea che non si può ottenere tutto. Viviamo nella paura del nuovo: di intraprendere un nuovo progetto, di cambiare lavoro per realizzare i nostri sogni, di puntare a un miglioramento in qualsiasi ambito della nostra vita, dalla perdita di peso a una relazione più felice e serena. Sei stato programmato a credere che ciò che intuisci dentro di te è sbagliato, non si fa.

Ecco perché molte persone sono così insicure e non sanno cosa vogliono dalla vita: il filo che le teneva in contatto la loro voce interiore è stato tagliato. Sappiamo che può sembrarti un po' semplicistico, ma la nostra esperienza ci ha dimostrato che le difficoltà interiori e i condizionamenti del passato possono essere risolti velocemente, una volta individuata la causa e trovato un piano adeguato per scardinarla. E ora due piccole riflessioni.

La prima è che è inutile giudicare e condannare i tuoi genitori per le difficoltà che ti trovi a vivere: anche loro sono stati cresciuti da adulti che ignoravano questi principi. Ognuno agisce in base alle conoscenze e alle competenze che ha: i tuoi genitori non hanno colpe, hanno fatto il meglio che potevano (come non ne hai tu, se stai facendo lo stesso con i tuoi figli).

La seconda riflessione (e adesso capirai meglio perché insistiamo tanto sull'importanza di assecondare i bisogni interiori di tuo figlio) è questa: ciò che facciamo oggi i bambini se lo portano dietro per tutta la vita e può fare di loro adulti coraggiosi, sensibili, determinati, dotati di un senso etico e capaci di inseguire la propria felicità e i propri sogni o, al contrario, adulti paurosi, lamentosi, ipercritici, egocentrici, passivi di fronte alla vita e a tutto ciò che accade.

5. *Esprime un bisogno*

Non sa come dirlo, come chiederlo, ci prova più volte ma non viene ascoltato o assecondato (noi non lo capiamo, gli diciamo di no o che non abbiamo tempo); ed ecco che arriva all'ultima spiaggia: quella del capriccio, che gli permette di attirare per forza, nel bene e nel male, la nostra attenzione e di liberare la tensione emotiva (piangendo e dimenandosi).

6. *Non si è sentito capito*

Vuole segnalarci una scoperta e noi non gli diamo retta, arriva stanco da scuola e gli diciamo di sbrigarsi con i compiti, ha litigato con un amichetto e rispondiamo che passerà, è deluso da un brutto voto e replichiamo che la maestra avrà avuto le sue buone ragioni... In tutti questi casi il bambino non è stato accolto; non gli abbiamo fatto sentire che lo capiamo, che siamo con lui e siamo disposti ad aiutarlo: "*Uuuhhh*, hai visto? Sì, è un cagnolino che corre!", "Amore, riposati un po', gioca, facciamo merenda e quando hai ripreso un po' di energie inizi i compiti... Hai voglia? Come ti senti?", "Davvero Giulio ti ha fatto lo sgambetto? Mannaggia... e tu come ti sei sentito? Sei ancora arrabbiato?", "Amore, è solo un voto, tu sei sempre tu! Andiamo alle cose importanti: come ti sei sentito? Ti sei vergognato davanti ai compagni? Avevi paura della mia reazione, hai pensato di deludere la maestra? Dài, adesso ci lavoriamo insieme, vedrai che la prossima volta andrà meglio!".

7. *Vuole attirare l'attenzione*

Ti presentiamo un esempio un po' estremo, ma molto calzante con l'argomento che stiamo per trattare. Qualche mese fa stavamo rientrando in treno da un evento e avevamo davanti dieci ore di viaggio. Qualche posto più in là, c'era una mamma con un figlio di circa 11 anni. Per tutto il viaggio lei ha tenuto gli occhi incollati al suo cellulare e lui a un altro apparecchio, presumibilmente per giocare a un videogioco. Le uniche parole che si sono scambiati sono state al momento del pranzo (la mamma gli ha chiesto che panino e che bibita voleva e gli ha detto di tenersi un tovagliolo in mano), quando lui le ha chiesto di spostarsi perché doveva andare in bagno e quando lei gli ha chiesto di posare per un selfie (lì hanno anche sorriso)!!! Tutto questo a nostro avviso è terribile. Per fortuna si tratta di un caso estremo. Rispetto all'altro estremo, però (le cure amorevoli di cui hanno bisogno i bambini di tutte le età), spesso ci si limita a fermarsi a metà strada.

TUO FIGLIO HA BISOGNO
DI PIÙ QUALITÀ
NEL TEMPO TRASCORSO
CON MAMMA E PAPÀ.

8. *Ha bisogno di scaricare la tensione emotiva*

Ti sarà capitato, a volte, di pensare che faccia i capricci senza un motivo apparente. Siete finalmente a casa dopo la scuola e il lavoro: tu sei particolarmente sereno, lui sta giocando tranquillo e di punto in bianco inizia a diventare noioso, non gli va bene niente, ti assilla, si agita e... scoppia in un pianto isterico!!! A volte succede.

Come tutti i mammiferi, è proprio quando sente di essere al sicuro che lascia andare tutte le tensioni accumulate nel corso della giornata, e ogni scusa è buona per poterlo fare. Evita di accusarlo, di prendertela o di dannarti: stagli vicino, digli che capisci quello che sente, che tu sei lì per aiutarlo e che può piangere quanto vuole, finché non si è liberato.

Certo, l'ideale sarebbe evitare a monte tutto ciò che genera tensione (vale anche per noi adulti), ma quando non è possibile aiutalo a scaricare le sue emozioni evitando di dirgli: "No, non piangere!".

9. *Vuole difendere il suo territorio*

È un istinto tipico della fase egocentrica: tuo figlio ha bisogno di maturare le sue sicurezze anche attraverso il possesso, di sapere che i giochi sono suoi, che mamma è sua e papà è suo. In più (soprattutto nei primi 3-4 anni), non ha ancora sviluppato le capacità cognitive e le condizioni emotive che gli permettono di considerare le necessità altrui, di accettare che gli oggetti o i luoghi possano essere anche di altre persone. Tutto gli sembra suo, e quando avverte che il territorio è minacciato ha bisogno di difenderlo. Il "capriccio" si innesca proprio nel momento in cui vede questa sicurezza venire meno e non si sente tutelato.

10. *Teme il giudizio e lo vive come uno stress*

È annoiato, è stanco, ha fame, ha male, non riesce a spiegarsi, ad arrangiarsi, qualcosa non va come vorrebbe, non può ricevere ciò che desidera o di cui ha bisogno.

Se è frustrato perché non sa cosa vuole, se non riesce a scegliere perché teme di dare la risposta sbagliata o di deludere mamma o papà, l'ideale è smettere di giudicarlo, di avere aspettative, di spingerlo a scegliere quando non è strettamente necessario (o non adatto alla sua età). Chiedigli di dirti cosa dice il suo cuore, cosa dice il suo pancino, cosa vorrebbe davvero se avesse la possibilità di vedere esauditi tutti i suoi desideri.

11. *Imita il comportamento degli adulti e si adatta*

C'è un altro motivo per cui tuo figlio può assumere un atteggiamento capriccioso: è più subdolo, più sottile, più nascosto degli altri ma c'è, ed è più potente di quanto tu possa credere. A volte il bambino è capriccioso perché imita il comportamento dei genitori. Di fronte a un adulto che ha scatti di rabbia, è nervoso, violento, insoddisfatto, irascibile ecc., finisce per credere che si debba o si possa fare come lui, e ogni volta che è in difficoltà o non riesce a far fronte alle emozioni si adatta a reagire in questo modo. Magari non dice parolacce e non batte i pugni sul tavolo, ma piange, urla o si accanisce sugli oggetti. La sostanza non cambia.

SE SEI COMPRENSIVO, SE NON PERDI LA PAZIENZA
E SAI GESTIRE IN MODO ADEGUATO
LA SUA EMOTIVITÀ, LUI TI IMITERÀ
E FARÀ ALTRETTANTO.

Perché non ascolta, non mette a posto e non finisce quello che ha nel piatto?

Capire le motivazioni profonde di tuo figlio è importante: se ti sintonizzi sul suo stato d'animo sarà più facile trovare la strada. Nelle prossime pagine ti presenteremo alcune situazioni comuni e le possibili cause dei suoi comportamenti "capricciosi". Più avanti vedremo invece insieme le soluzioni pratiche per sconfiggerli.

Perché non ti ascolta?

PERCHÉ NON HA CAPITO LUI

Puoi ripeterlo, puoi spiegarti meglio, puoi guardarlo negli occhi mentre gli parli o gli chiedi di fare qualcosa. Se sta facendo orecchie da mercante, sicuramente ha un buon motivo per farlo. Meglio risolvere quello che danneggiarti le corde vocali ripetendo a pappagallo: "Ascoltami, ascoltami, ascoltamiiiii!!!". Del tutto inutile.

PERCHÉ NON HAI CAPITO TU

Forse ti ha risposto e non hai sentito, oppure si aspettava una controrisposta diversa da parte tua. Forse se non ti ascolta è perché vuole che tu glielo ripeta, così state più tempo insieme, o pensa che tu, pur innervosendoti, gli dedichi più attenzioni.

PERCHÉ VUOLE DIFENDERE LA SUA POSIZIONE

Forse non ti è chiaro perché vuole fare o non fare qualcosa o preferisce una cosa a un'altra. Forse, in altre parole, non si sente capito e ha ottimi motivi per avanzare quella richiesta. In questo caso puoi valutare se assecondarlo o dirgli di no in un altro modo.

PERCHÉ VUOLE DIFENDERE I SUOI SENTIMENTI

Tuo figlio prova sentimenti ed emozioni come te, ma non sa ancora esprimerli al meglio (persino gli adulti fanno fatica...). Se non si abitua a comunicarli ne resta prigioniero, innescando malumori che non riesce a spiegare o a gestire. Altre volte può sentire che giustifichi la situazione a scapito di quello che prova ("Se non hai voglia di andare a scuola cerca di fartela venire, tanto bisogna andarci", "La maestra avrà avuto le sue ragioni" ecc.). Se fa i capricci è per comunicarti che non hai capito, che quello che dici potrà anche essere vero, ma lui prova comunque dolore, insoddisfazione o paura. Molto meglio ascoltarlo, dirgli per esempio: "Lo so che non hai voglia di andare a scuola, che sei stanco e ti annoi. Hai ragione, mi dispiace. Magari quando torni troviamo qualcosa di divertente da fare". Se accogli i suoi sentimenti, non hai bisogno di fare molto di più: lui si sente compreso, si tranquillizza e fa quello che c'è da fare.

PERCHÉ NON HA UN ALTRO MODO PER FARTI CAPIRE LE SUE RAGIONI

Se lo ascolti e lo assecondi una volta sì e quattro no, quelle quattro volte le proverà tutte pur di farsi capire o di vedere soddisfatte le sue esigenze. Se ti sforzi di ascoltarlo e assecondarlo sempre, la cosa cambia: più ti metti dalla sua parte, più lo osservi, più lo conosci, più la vostra relazione diventa fluida e armoniosa.

È difficile? Costa fatica? Forse sì, almeno all'inizio, ma più avanti troverai uno spazio interamente dedicato a come superare le difficoltà iniziali.

Perché non vuole finire i fagiolini?

Spesso all'ora dei pasti la tavola si trasforma in un ring: da un lato lui, che non vuole finire quello che ha nel piatto o non ne vuole sapere di mangiare qualcosa, dall'altro tu che insisti e non sai come fare. Ecco che scattano i piccoli ricatti: "Se finisci tutti i fagiolini ti do il cioccolatino, altrimenti niente!". In realtà possiamo vedere la situazione da un'altra prospettiva, più vicina al punto di vista di tuo figlio e capace di aiutarti a disinnescare facilmente queste dinamiche.

In questo caso, per esempio, anziché cercare di modificare il suo comportamento (vuoi che faccia quello che dici e smetta di ribattere), potresti provare a risalire alla motivazione profonda. Se questo non accade, lui si sente incompreso o attaccato: è naturale che poi inizi a difendersi aggredendo o contrastandoti.

Perché non ha voglia di finire quei benedetti fagiolini? Sicuramente ha un motivo, altrimenti farebbe esattamente quello che vede fare a te: li mangerebbe, finirebbe la sua porzione e poi tornerebbe a giocare. Forse, semplicemente, non ha più fame. È una motivazione più frequente di quanto immagini, anche se noi adulti non sempre la prendiamo in considerazione. Spesso è perché siamo troppo impegnati a salvaguardare il nostro punto di vista, ma il più delle volte è perché pensiamo che nostro figlio abbia bisogno di una grande quantità di cibo per sentirsi "pieno". In realtà a lui serve molto meno cibo di quanto possiamo pensare, sia per saziare la fame sia per avere le energie sufficienti a giocare e imparare. Basta pensare alle scodelle piene di pappa che si preparano nel periodo dello svezzamento: dopo cinque, al massimo dieci bocconi, il bambino inizia a dare segni di cedimento, a farci capire che è pieno e che non gli va più (il suo stomaco è davvero molto piccolo a quell'età!). Noi ci risentiamo perché l'abbiamo preparata con tanto amore, perché ne abbiamo fatta tanta e così andrà sprecata, perché abbiamo paura che non mangi abbastanza. Allora iniziamo con le solite frasi: "Dài amore, mangia, ti prego, fai contenta la mamma!"; poi entrano in scena uccellini, aeroplanini e altri escamotage del genere. Tutto per finire la pappa, senza considerare nemmeno per un secondo che potrebbe essere troppa o che lui potrebbe non avere più fame. Se noi adulti abbiamo perso l'abitudine di ascoltare i bisogni del nostro corpo e siamo pronti ad abbuffarci all'inverosimile fino a sentirci assonnati o così appesantiti da non riuscire ad alzarci dalla sedia, i bambini no. Loro sono ancora molto legati alle sensazioni corporee e sanno quando dire basta, sanno fermarsi prima di essere troppo pieni, altrimenti... come si può ricominciare a giocare? Tutto questo anche se secondo noi, a volte, hanno mangiato pochissimo. Un suggerimento utile in questo caso è iniziare a dargli porzioni più piccole (hai sempre tempo per fargli fare il bis, anche il tris).

Se invece ha fame ma non accenna a mangiare, forse vuole proprio contrariarti perché è arrabbiato con te. "Arrabbiato con me...? Impossibile! Faccio tutto e gli do tutto quello che vuole, sono sempre a sua disposizione!" Sappiamo che è difficile da accettare, ma...

I MOTIVI PER CUI PUÒ AVERCELA CON TE
SONO TANTI, ANCHE SE SPESSO
PASSANO INOSSERVATI AI TUOI OCCHI.

Ormai ti sarà chiaro che non sempre tuo figlio riesce a riconoscere o manifestare le sue emozioni: difficilmente è in grado di guardarsi dentro e di esprimere la causa del suo disagio, offrendoti il pacchetto completo con la soluzione inclusa. Come spesso accade anche a te, le piccole o grandi frustrazioni che accumula durante il giorno possono venire a galla quando meno te lo aspetti. Per esempio, proprio quando hai appena cucinato il suo piatto preferito e ti stai sedendo tranquillo a mangiare insieme a lui.

Nessuna avvisaglia della bufera che sta per scatenarsi, eppure... "Io non mangio! Ti ho detto che non lo voglio! Mi fa schifo!" ecc. Se ti metti dalla sua parte, scoprirai che per lui è un classico manifestare l'esigenza del conflitto proprio in questi momenti. Sa che sei tranquillo, che non sei impegnato in altro, che non devi correre a lavorare e che sei seduto proprio davanti o accanto a lui. È come quando inizia a fare i capricci un minuto prima di andare a scuola. Sa perfettamente che questi momenti ti stanno a cuore (nel caso del pranzo perché ci tieni che mangi e si nutra, nel caso della scuola perché hai fretta di uscire e devi per forza risolvere la situazione). Se non sei impegnato in nient'altro, è naturale che spenderai più attenzioni ed energie per risolvere la situazione: per un attimo dimenticherai tutto il resto e ti metterai a sua disposizione pur di "chiuderla". Il gioco è fatto: finalmente ha ottenuto le attenzioni che desidera! Non perché sia un principino o un viziato, ma perché in questo modo è certo di potersi ricavare uno spazio con te, un momento di ascolto. Sa che il prezzo da pagare potrebbe essere averti tutto per sé ma arrabbiato. Ma in mancanza di altro, i bambini si accontentano.

A volte, insomma, tuo figlio fa storie perché ha capito che è un ottimo modo per attirare la tua attenzione (spesso l'unico, purtroppo).

Quello che puoi fare è: evitare di arrabbiarti, cercare di capirlo, di arrivare alla vera motivazione. Prova a fare un resoconto delle ultime ore o degli ultimi giorni (se il problema legato al cibo esiste da sempre, è opportuno risalire anche agli anni precedenti, a partire dalla gravidanza): pensa se puoi avere mancato in qualcosa, se hai trascurato qualche aspetto della vostra relazione. Se non trovi la causa puoi comunque dimostrarti più attento e premuroso, meno pronto a "scattare", per evitare che lui sia costretto a ricorrere a questi stratagemmi. Se riceve le giuste attenzioni durante la giornata, se sa di avere qualcuno che lo ascolta e lo accoglie, se non ha motivi per arrabbiarsi, non dovrà inscenare alcuna lotta di potere.

Infine, c'è un'altra motivazione per cui potrebbe non avere voglia di mangiare i fagiolini. La più semplice di tutte: non gli piacciono!

A te piace proprio tutto? È altamente probabile che ci siano cibi che non ami, rifiuti o non riesci a mandare giù. Perché per tuo figlio dovrebbe essere diverso? Abbiamo già detto che impara a vivere imitando e assorbendo dall'ambiente: se vede che a volte i suoi adulti di riferimento rifiutano di mangiare qualcosa, dicono "non mi piace" o non finiscono quello che hanno nel piatto, non è naturale che pensi di poterlo fare anche lui?

È così terribile se mangia gli spinaci e non i broccoli, le carote e non i cavolfiori? Se è vero che l'alimentazione deve essere varia ed equilibrata, è ancora più vero che con i bambini bisogna essere elastici e trovare la giusta via di mezzo, preservando innanzitutto la relazione.

LE VERE DIFFICOLTÀ NON SONO LEGATE AL CIBO, MA ALLA RELAZIONE. È MOLTO PIÙ IMPORTANTE CURARE LA NOSTRA RELAZIONE, EVITARE CHE SI CREINO FERITE EMOTIVE. TUTTO IL RESTO È SECONDARIO (E MIGLIORA DI CONSEGUENZA).

Perché non vuole mettere a posto?

Ecco un altro sassolino (neanche troppo piccolo) nella scarpa di mamma e papà. Ci hai provato in tutti i modi. Lo hai chiesto, lo hai richiesto, lo hai urlato, lo hai sbraitato, lo hai detto con un ricatto ("Guardi i cartoni solo se finisci di mettere a posto tutti i giochi": in questo caso possono finire tutti sotto il letto o dentro un cassettone per far prima, ma di certo non matura il suo senso dell'ordine), hai perfino provato a far finta di niente... nulla. Tuo figlio continua a non badare all'ordine, non vede i giocattoli in giro (lui non ci inciampa, tu magari sì) e non ha voglia di metterli a posto (soprattutto se lo deve fare da solo).

È importante che sviluppi il senso dell'ordine: l'ordine

esteriore è sinonimo di ordine interiore. Lo puoi osservare anche tu andando a trovare amici o parenti: se la casa è disordinata e lo sono anche i ritmi e i pensieri di mamma e papà, spesso ci sono bambini più nervosi, distratti e... incuranti dell'ordine.

Anche in questo caso vogliamo darti qualche suggerimento per iniziare a vedere la cosa in un modo diverso. Ecco alcune domande che puoi porti anche tu: "Perché non è corso a riordinare quando gliel'ho detto?", "Qual è la sua motivazione profonda (passo fondamentale)?", "Perché ha iniziato a fare i capricci?". I motivi di solito sono molto diversi da quelli che immaginiamo ("Vuole farmi arrabbiare", "Vuole farmi perdere tempo", "Ha preso tutto da suo padre", "Non capisce", "Sta diventando uno scansafatiche!"). No. Se non vuole mettere a posto le sue cose ha un motivo valido, anche se a noi sembra assurdo o non lo capiamo.

DAL DIARIO DI ANTONIO

SPUTI SUL MURO E SEDIE VOLANTI A SCUOLA

Da ben tre venerdì, alle 9.30 circa, la scuola ci chiama puntualmente per andarlo a prendere. Questa volta però sembra più grave del solito: "O venite a prenderlo o chiamiamo i carabinieri!". Arrivo a scuola e vedo C. seduto all'ingresso, di fianco all'operatrice scolastica che lo sorveglia. Chiedo cosa è successo e mi sento sciorinare la solita storia con qualche ingrediente in più: sputi sul muro, urla, qualche bestemmia al preside, una sedia lanciata in classe, un calcio alla porta antipanico... Arriva una delle insegnanti e, urlando, inizia a vomitarmi addosso i "casini" commessi da C. accusandomi di non essere capace di trovare una soluzione con gli assistenti sociali (il tutto in corridoio, davanti a un passaggio continuo di bambini e ragazzi e, soprattutto, davanti a C., che ascolta tutto sentendosi tradito e umiliato).
Incasso il colpo senza ribattere ai toni comprensibilmente allarmanti, rispondo soltanto: "Grazie, cercheremo di trovare una soluzione".

C. ha tenuto gli occhi abbassati per tutto il tempo: ha sentito che non lo vogliono a scuola, che stavano per chiamare i carabinieri. Frequenta la seconda media, e so che nessun ragazzo sputa sul muro o lancia una sedia se non ha una valida (per lui e per la sua storia personale) motivazione per farlo.
In teoria, stando al decalogo dell'educazione tradizionale, dovrei sgridarlo subito anch'io, dirgli che è un buono a nulla, che non si deve più permettere di bestemmiare davanti al preside, che non si sputa sul muro e non si tirano calci alle porte (e in verità non si sradicano neppure, è successo anche questo un venerdì precedente).
Ma sgridarlo lo farebbe arrabbiare ancora di più: butterei solo altra legna su un fuoco che è già alquanto vivo.
Per tutto il viaggio in macchina, mentre respiro provando a mantenere un distacco zen, gli chiedo che cosa è successo, perché ha provato l'impulso o il bisogno di fare tutto quello che ha fatto. Raccolgo quei dati cercando di trovare un nesso con gli ultimi tre venerdì in cui è esploso a scuola. Negli altri giorni della settimana non è mai successo. A casa, soprattutto, non hai mai avuto manifestazioni di rabbia così estreme. Noi, anzi, lo consideriamo uno dei ragazzi più tranquilli. La sua motivazione? È uscito di casa già nervoso e non sa perché. Anche sullo scuolabus, durante il tragitto, si sentiva così.
Ecco l'indizio da cui partire.
Perché era già nervoso? Che cosa era successo a casa? La sua risposta: "Non lo so, mi sono svegliato già arrabbiato". Ok. Un altro passo avanti. Domanda (a me stesso): allora che cosa è successo la notte, la sera o il pomeriggio prima? Bingo! Trovata la probabile causa dei suoi venerdì da pirata. Da qualche settimana, il giovedì sera, C. sentiva per telefono un parente con cui in realtà non aveva nessuna voglia di parlare (il passato comune non è dei più rosei). Quel giovedì sera non c'erano segnali evidenti di sbalzi d'umore, anche perché dopo cena si fila dritti a fare la doccia: qualche momento in camera a parlare e a scherzare con gli altri ragazzi e poi tutti a dormire.
È arrivato il momento di verificare la nostra ipotesi. Concordiamo con la scuola di non mandarlo il venerdì e di te-

nerlo a casa con noi per monitorare direttamente i suoi cambi di umore.
Il venerdì successivo C. resta con noi insieme ad altri ragazzi che seguono il programma di istruzione familiare. Gli diciamo che può fare quello che vuole: lui sceglie di stare con Roberta e i ragazzi mentre parlano del ciclo vitale delle piante. Per tutto il giorno non succede nulla: non si arrabbia, è più triste del solito ma non mostra comportamenti distruttivi o aggressivi.
A questo punto, approfitto di quel momento di calma per chiedergli cosa lo fa arrabbiare della scuola: "Mi dà fastidio quando l'insegnante spiega e io non capisco come gli altri, mi arrabbio perché resto indietro, mi innervosisco e allora non riesco più a stare in classe. È più forte di me, mi viene da spaccare tutto, non sopporto le urla dell'insegnante, non sopporto che mi ignori o che mi rida dietro".
Con il passare delle settimane riusciamo a risolvere la situazione agendo su vari fronti: per prima cosa, concordiamo con la scuola che C. passerà la mattina con l'insegnante di sostegno in un'aula separata per essere seguito secondo i suoi tempi (C. ha sempre mostrato una grande reticenza di fronte ai metodi di apprendimento classici, anche per via dei traumi subiti in passato in altre scuole: con l'insegnante che parla e gli alunni che ascoltano passivi lui fatica a seguire, mentre la sua vocazione vera è sempre stata quella di disegnare, fare decoupage, costruire qualsiasi oggetto gli passi per la mente, imparare osservando la realtà e mettendo in pratica quello che ha appreso). In questo modo, avrà anche la sua dose di attenzioni esclusive, visto che in quell'aula saranno solo in due.
Seconda azione: la telefonata con il parente del giovedì sera viene sospesa dagli assistenti sociali dopo la nostra segnalazione degli eventi accaduti.
Terza azione: ci mostriamo comprensivi con lui evitando il più possibile di fargli pesare la situazione, di farlo sentire disadattato o diverso dagli altri. Cerchiamo di non infierire con sgridate e punizioni.
Lo coinvolgiamo ancora di più nelle attività che sappiamo essere le sue preferite: cucina, giochi pratici, passeggiate in cerca di materiale per le sue costruzioni. La situazione rien-

tra: con il passare delle settimane gli episodi di rabbia si attenuano e ben presto gli sputi sul muro sono soltanto un episodio lontano. Ricorda:

C'È SEMPRE UN MOTIVO VALIDO
PER CUI UN RAGAZZO COMPIE ATTI
CHE LIQUIDIAMO COME VIOLENTI O INCIVILI.
A UN COMPORTAMENTO ESTREMO
CORRISPONDE SEMPRE UN'EMOTIVITÀ ESTREMA,
LACERATA, PIENA DI RABBIA E NERVOSISMO.
VALE ANCHE PER NOI ADULTI.

capitolo 7

GLI 8 BISOGNI SUPREMI DI TUO FIGLIO

DAL DIARIO DI ROBERTA
IN PRINCIPIO...

L'avevamo lasciata intenta a realizzare il suo sogno, ed ecco che la Terra si popolò finalmente di bambini di ogni età che coloravano con i loro sorrisi, le loro grida, i loro canti e i loro giochi le giornate sul pianeta. La nostra arzilla nonnina di tanto in tanto giocava con loro e raccontava loro delle storie, altre volte si aggirava silenziosa nei paraggi e li osservava senza disturbare... Più li guardava, più si convinceva del grande dono che rappresentavano.
Nonostante fosse l'artefice di tutto quello splendore, Madre natura continuava a prendere appunti, perché da quelle creature c'era qualcosa di nuovo da imparare, qualcosa di cui arricchirsi ogni giorno. Dall'apparente confusione dei loro gesti scaturiva sempre una perfetta armonia di intenti... tutto aveva un senso. I bambini si svegliavano la mattina allo spuntar del sole: una rapida lavata alla faccia, una stropicciatina d'occhi ed eccoli correre tutti giù per la collina verso la grande quercia, davanti a un silenzioso specchio d'acqua che a quell'ora creava insieme ai colori del cielo bellissimi giochi di luce.
Tutti riuniti sotto la quercia, i più grandi e i più piccini ascoltavano le storie raccontate dagli adulti (i bambini venuti prima di loro e ormai cresciuti), facevano domande e trovavano risposte, costruivano oggetti, scrivevano ed eseguivano

calcoli, attenti a imparare tutto ciò che serviva per crescere. La curiosità e gli interessi personali guidavano i loro sensi e li spingevano a sperimentare, riuscendo, sbagliando e riprovando ancora. Con loro c'era sempre qualcuno disposto ad aiutarli, ad ascoltarli. Sul pianeta Terra, non capitava mai che non ci fosse tempo per un bambino. Gli adulti potevano essere molto impegnati a realizzare i loro sogni e a lavorare per tutta la comunità, ma trovavano sempre il tempo per incrociare il loro sguardo, rispondere alle loro domande, dire dolcemente di sì o di no, ripetere le cose o soddisfare la loro curiosità...
Su questo pianeta poco più grande della capocchia di uno spillo stava prendendo vita un grande progetto, un esempio per tutte le galassie: un mondo in cui i bambini convivevano pacificamente con gli adulti, in cui i più grandi mettevano le loro risorse a disposizione dei più piccoli, in cui l'infanzia era considerata un valore e i bambini erano liberi di manifestare la loro natura senza correre il rischio che qualcuno la castrasse. Una civiltà evoluta, superiore, fantascientifica? Niente di tutto ciò. Una civiltà umana, nella quale i bambini potevano finalmente godere di un diritto sacrosanto e legittimo: quello di essere se stessi...

W le smancerie!

Quante volte hai pensato di doverti comportare in un certo modo per non viziare tuo figlio, quante volte ti hanno detto che lo stavi viziando con il tuo atteggiamento e le tue attenzioni...

Non avere paura, assecondarlo nei suoi bisogni non è viziarlo. Semmai è vero il contrario: potrebbe sviluppare dei vizi da grande proprio perché non ha visto soddisfatti i suoi bisogni infantili (che non sono capricci, ma necessità concrete e reali). Rischierebbe di diventare un adulto frustrato, convinto di non poter ottenere mai quello che vuole perché la vita è difficile e il mondo ce l'ha con lui.

Più ci sottraiamo al suo bisogno di essere capito e aiutato, più alimenteremo in lui questo genere di sentimenti. Se invece gli andremo incontro, se smetteremo di pensare che stia facendo i capricci e inizieremo a concentrarci sulle sue motivazioni profonde, faremo qualcosa di davvero determinante per il suo futuro.

PIÙ ATTENZIONI RICEVE, PIÙ AVVERTE
CHE SIAMO DISPOSTI A INTERAGIRE,
A COLLABORARE, A GUIDARLO,
PIÙ SI SENTE SICURO, IMPARA A CONOSCERSI
E A MISURARSI CON SE STESSO.

Se non riceverà le attenzioni adeguate imparerà presto a prendersele, per esempio salendo dove non deve, facendo cose pericolose (e mettendosi in mostra mentre le fa), alzando la voce mentre stai parlando con qualcuno, rifiutandosi di fare qualcosa per innescare il conflitto, picchiando il fratello ecc. Dargli le attenzioni adeguate non vuol dire sottometterti, mancare al tuo ruolo di genitore, diventare il suo zerbino. Tutt'altro.

Ti chiediamo di dimenticare le solite frasi: "Ma ha tutto quello che vuole!", "Ma io gliele do le attenzioni...", "Ma come faccio con tutto quello che ho da fare?". Non perché non siano vere ma perché, a mano a mano che inizierai a conoscere a fondo la sua natura e ad assecondarla con le tue azioni quotidiane, scoprirai che in fondo sono frasi di circostanza.

Siamo convinti di una cosa: la maggior parte dei conflitti e delle incomprensioni nascono perché l'adulto interpreta i comportamenti del bambino in base a schemi inesistenti. Più si avvicina alla sua vera natura, più impara ad allontanarsi dai preconcetti e dai falsi principi educativi che ha ricevuto (tematiche già affrontate nel nostro precedente volume *Le 7 idiozie sulla crescita dei bambini*), più la relazione diventa semplice e armoniosa.

Ma quali sono questi bisogni? Quali sono le priorità del bambino oltre a mangiare, dormire e non restare troppo esposto al caldo o al freddo?

1. *Essere amato e coccolato*

Diamo troppa poca attenzione all'amore e alle coccole. Siamo distratti dall'idea che debba crescere in fretta, imparare, essere "capace di", essere più bello, più bravo, capire chi comanda (molto diverso dall'essere consapevoli del nostro ruolo). Anche noi siamo vittime di questo tipo di educazione, come lo sono stati i nostri genitori.

TUTTI ABBIAMO SUBITO UN MODELLO
EDUCATIVO PIENO DI LIMITAZIONI, DOVERI,
ANAFFETTIVITÀ, A VOLTE ANCHE SOPRUSI.
NON È DI QUESTO CHE TUO FIGLIO HA BISOGNO
PER CRESCERE SERENO E FELICE.

Quanto abbiamo dovuto patire a volte, quanto abbiamo dovuto faticare (e forse fatichiamo ancora) per ritagliarci uno spazio di serenità, per maturare in noi quelle risorse che purtroppo non siamo riusciti a costruirci nell'infanzia... Il minimo che possiamo fare, per noi e per i nostri figli, è invertire la rotta. Prova ad abbandonare tutto ciò che si allontana dalla sua natura, ad abbracciare le sue esigenze.

Tuo figlio ha bisogno di essere amato e coccolato, di vivere la sua infanzia. Più tempo dedicherai a prenderlo in braccio, ad accarezzarlo, a giocare con lui, a dirgli quanto lo ami e quanto sei fortunato ad averlo accanto (soprattutto nei primi sette anni), più lui inizierà a sentirsi amato: a quel punto non avrà bisogno di difendersi, di opporsi, di scatenare conflitti.

Non possiamo sperare di avere un bambino amorevole e "educato" appellandoci a regole, limiti e doveri. Prima dobbiamo amare, coccolare, proteggere e sostenere. È una legge di natura.

Del resto, il modello educativo tradizionale incentrato su punizioni, doveri, rigidità e paura ha clamorosamente fallito. Per verificarlo basta che ti guardi attorno e ti chieda: quanti adulti realizzati conosci? Quanti di loro sono davvero indipendenti e maturi? Quanti non provano astio per la loro famiglia d'origine, non si arrabbiano, non criticano, hanno un atteggiamento propositivo ed efficace nei confronti della vita? E adesso pensa alla tua infanzia: che cosa provavi quando non ti sentivi capito da mamma e papà, quando vedevi che si ostinavano a usare un metodo che non c'entrava nulla con te? I bambini cresciuti in ambienti in cui si sentono amati e coccolati hanno mille marce in più, da adolescenti e da adulti, di chi subisce privazioni affettive o regole troppo rigide.

2. *Sentirsi capito e accettato per quello che è*

Qualsiasi cosa faccia, tuo figlio ha sempre un motivo valido (anche solo non sapere che se una cosa cade si rompe o che se sale su una sedia può cadere). Tutto ciò che desidera è essere accettato per quello che è e per quello che fa (lo ripetiamo, qualsiasi cosa faccia). Il suggerimento che ti diamo in questo caso è: sforzati di non giudicarlo, evita di dirgli che si è comportato male, che è stato cattivo, che è un asinello o che così non si fa, dagli il tuo esempio, mostrati comprensivo, aiutalo, vai alla motivazione profonda, chiediti sempre il perché.

3. *Essere sostenuto nella crescita*

A volte pretendiamo cose che per la sua età non può darci. Da neonato ci chiediamo quando inizierà a camminare, da adolescente ci domandiamo perché non ci segue più... A 6-7 anni, per esempio, pretendiamo che faccia i compiti da solo, che si responsabilizzi del diario, della cartella, dell'astuccio... Pensiamo: "Prima o poi deve imparare...".

In realtà non è così. A quell'età è troppo piccolo per cavarsela da solo e per assumersi responsabilità in modo autonomo: è naturale che tu debba seguirlo nei compiti, aiutarlo a preparare la cartella e mostrargli come si fa, seguirlo mentre la prepara finché non impara a occuparsene da solo (cosa che avviene in modo spontaneo nella seconda fase, tendenzialmente a partire dall'ottavo anno).

Ogni cosa ha il suo tempo: se lo osservi attentamente, è lui stesso a farti intuire in ogni momento quali sono i suoi bisogni e le sue capacità. Se li assecondi senza pretendere altro, saranno proprio loro a far emergere spontaneamente le abilità e gli strumenti che la natura ha previsto per lui.

4. *Essere libero di sperimentare*

Quanti genitori hai visto correre dietro al figlio dicendo: "Non toccare", "Non correre", "Fai attenzione", "Quello no perché si rompe", "Lì no", "Non sudare", "Non ti stropicciare", "Smettila", "Non mettere in disordine"...

Cosa sarebbe successo se la madre di Michelangelo o di Picasso avessero raccomandato ai figli di non sporcarsi, se il papà di Valentino Rossi gli avesse detto di andare piano, di non correre?

A volte è fondamentale sporcare, sporcarsi, mettere i giochi in disordine, correre, sudare, cadere, rialzarsi. Tuo figlio impara sperimentando. Non è capace di farlo leggendo un libro o ripetendo a memoria regole e formule: è contro la sua natura! Quando gioca o scopre qualcosa di nuovo, è fondamentale che possa muoversi, esplorare, toccare, smontare, a volte anche rompere, se capita.

Tutte queste cose non deve farle da solo, abbandonato a se stesso (con il rischio di farsi male): anche senza bisogno di giocare sempre con lui, anche se stai cucinando o facendo altro, guardalo, ascoltalo, commenta con lui quello che sta facendo. Intorno ai 4-5 anni, quando inizia a essere più autonomo nel gioco, dagli la libertà di sperimentare, di scoprire, di inventare. Restagli accanto per gioire delle sue scoperte, per dargli una mano se ne ha bisogno, ma lasciagli modo di esprimersi e di essere se stesso, senza soffocare le sue iniziative. Anche se può sembrarti paradossale, è un ottimo modo per insegnargli ad avere cura delle cose che ha attorno e di quelle che usa per giocare.

5. *Rispondere all'istinto di imparare*

Come Archimede Pitagorico, anche tuo figlio a volte sente accendersi la lampadina in testa: ha delle intuizioni e farà di tutto per verificarle. Per lui è vitale.

Se gli dici sempre (o spesso): "Questo no", "È pericoloso", "Non fare questo, non fare quello", arriverà anche ad agire di nascosto, pur di rispondere al suo istinto naturale di crescere e di imparare. Se ti sforzi di assecondarlo, invece:

- *Eviti di metterlo in pericolo.*
- Lo aiuti a *imparare sulla base delle sue intuizioni* (e l'autostima si mantiene vertiginosamente alta).
- *Eviti che insista* sfidandoti e scatenando il conflitto.
- *Eviti che agisca di nascosto* (facendosi male o combinandola grossa).
- *Soddisfi subito un suo bisogno*, una sua curiosità, e l'armonia fra voi cresce perché si sente compreso e appagato.

6. *Collaborare*

Tuo figlio non è un piccolo selvaggio da rimettere in riga, che ha solo voglia di giocare (per lui in realtà è una cosa molto seria) o vive perso nel suo mondo (magari potessimo recuperare anche noi un po' di quel mondo...). Questa è davvero una falsa credenza.

In realtà desidera ardentemente collaborare, imitarti (facendo le cose che vede fare a te: cucinare, riordinare, fare il bucato, spazzare il pavimento ecc.) per poter imparare, per passare del tempo con chi ama e per soddisfare quell'impellente bisogno che si chiama "diventare grande". Ma a una condizione:

VUOLE COLLABORARE
CON PERSONE CHE STIMA
(COME TE DEL RESTO).

Se non ti stima, se rimane deluso da te, con il tempo perde l'interesse a seguirti, ad aiutarti, a imitarti per imparare. Continuerà a farlo, ma rivolgendosi altrove (TV, giocattoli, amici e parenti).

7. *Sapere che è perfetto così com'è*

Qualsiasi cosa dica o faccia, tuo figlio ha bisogno di sentirsi amato. Anche quando sbaglia. Togliti dalla testa l'idea che, se lo guardi storto, lo rimproveri, cambi tono di voce e gli fai notare seccamente il tuo disappunto, la prossima volta non sbaglierà più. Non funziona così: per lui è importante che tu lo accolga sempre, che lo aiuti a capire che cosa è successo senza giudicarlo e gli mostri come può fare la prossima volta.

Come abbiamo già accennato, più cresce più si rende conto da solo dei propri errori (è un processo istintivo). Se lo accogli e lo comprendi non è costretto a mettersi sulla difensiva e nel calore della tua protezione memorizza la lezione di vita imparata. Se invece lo giudichi o lo rimproveri, anche solo con una smorfia del viso (a volte vale più di mille parole), attivi in lui agitazione, paura e disistima che bloccano il processo di apprendimento.

Tuo figlio è perfetto così. Anche quando inciampa per distrazione: può capitare pure a te, quando ti volti a guardare una vetrina o una bella macchina.

Tuo figlio è perfetto così, anche quando prende un brutto voto: non ti è mai successo di non capire, di avere difficoltà, di essere stanco e non riuscire a rendere al meglio?

Tuo figlio è perfetto così, anche quando litiga con suo fratello o sua sorella: come ti sentivi quando capitava a te, come ti senti quando litighi con un collega o il tuo compagno?

Ed è perfetto così anche quando fa cadere un oggetto prezioso: a te non cade mai nulla?

8. *Sapere che papà e mamma lo capiscono sempre*

Metti al primo posto la comprensione e l'accoglienza. Per lui sono una fonte di sicurezza infinita: sono il carburante perfetto per mantenere alta la sua autostima, per aiutarlo a prendere confidenza con i suoi talenti e le sue debolezze, per fargli sfruttare al meglio le sue risorse crescendo, seguendo la sua vera natura, imparando a vivere serenamente e a essere soddisfatto di se stesso.

Se non maturi queste caratteristiche o se lui non riesce a percepirle in te (anche se non ti piace sentirlo dire, la responsabilità non è mai sua), si sentirà fragile e, per anestetizzare la paura, si metterà istintivamente sulla difensiva, manifestando un disagio o innescando le dinamiche tipiche del capriccio.

capitolo 8

COME AVERE UN FIGLIO CHE SEGUE LE REGOLE, NON RISPONDE MALE E COLLABORA

DAL DIARIO DI ROBERTA
MAMMA LUPA E I SUOI CUCCIOLI

C'era una volta, in un bosco lontano ma non troppo, un grande lupo bianco che vagava solitario in cerca di prede da stanare fra gli alti larici o dietro gli arbusti, a volte spingendosi in alto, dove gli alberi non crescono più e il verde lascia il posto alla nuda roccia e a qualche piccola macchia di muschi e licheni. Era un lupo coraggioso: dominava il territorio, era bravissimo nella caccia, sapeva difendersi dai nemici, amava la solitudine.
Ma la vita è la vita, e spesso segue il suo corso portandoci dove non avremmo mai pensato di spingerci. Fu così che un bel giorno il lupo intravide fra le ombre del bosco una bellissima nuvola bianca, morbida e voluttuosa. Sentì il suo frusciare delicato tra le foglie, seguì il suo profumo e in un attimo ebbe davanti l'immagine più bella che avesse mai visto fino a quel momento: una meravigliosa femmina di lupo, maestosa ed elegante! Il colpo di fulmine fu così dirompente che il nostro amico lupo ebbe l'impressione di esserne innamorato da sempre. La corteggiò, le portò in dono le carni più prelibate, le costruì una tana degna di una regina... Lei corrispose le sue attenzioni amorevoli, donando al fidato compagno una cucciolata degna di un re: tre lupetti vispi, forti e allegri che passavano le giornate a succhiare avidamente il latte della loro mamma mentre lei li avvol-

geva con le sue cure attente, leccandoli, coccolandoli con il muso e con le zampe, proteggendoli da sguardi indiscreti nello spazio più nascosto della tana. Papà lupo era al settimo cielo: anche lui coccolava i suoi lupetti e, come ogni lupo maschio che si rispetti, faceva il suo dovere difendendo la sua famiglia e procacciandosi per loro il cibo più nutriente. Grazie a tutte quelle attenzioni, i lupetti crescevano rapidamente. Di tanto in tanto uscivano dalla loro tana, saltellando qua e là sulle agili zampette, facendosi teneramente i dispetti e giocando spensierati con le foglie e le pigne che trovavano lì attorno. Mamma lupa li osservava con soddisfazione: li lasciava giocare, sperimentare, soddisfare le loro curiosità, sempre pronta ad accoglierli, a leccarli se si facevano del male e a difenderli in caso di bisogno. Più il tempo passava, più i lupetti imparavano a destreggiarsi, a difendersi dagli attacchi dei fratellini, a cacciare piccoli vermi o a braccare coniglietti, a ripararsi dalle intemperie, a rifugiarsi in luoghi sicuri in caso di pericolo, a seguire il loro istinto infallibile in ogni situazione. Com'era possibile che imparassero tutto della vita senza bisogno di andare a scuola, di farsi spiegare o ripetere le cose dai genitori? Che cosa avevano quei lupetti di tanto speciale che a volte neppure gli uomini più intelligenti riescono ad avere?

Quei lupetti si sentivano liberi: erano liberi di seguire il loro istinto, e in questo erano amorevolmente e pazientemente sostenuti ogni giorno dai genitori. Mamma lupa e papà lupo non avevano il dono della parola, non avevano libri da leggere o esperti da ascoltare, ma avevano se stessi, avevano una grande fiducia nella vita e credevano ciecamente nella loro natura (semplice ma efficace, proprio come quella degli umani). Sapevano che era importante lasciarsi osservare dai loro cuccioli, che solo così avrebbero potuto maturare le abilità necessarie per rendersi autonomi, diventare adulti e non avere più bisogno di loro. Per questo trascorrevano molto tempo a giocare con i loro lupetti, simulando la caccia o un'incursione nemica e dandogli qualche pezzetto di carne per giocare. Stavano semplicemente con loro, assecondavano il loro istinto naturale di fare tutto ciò che vedevano fare a loro. Fu così che i lupetti divennero tre lupi adulti, forti e coraggiosi come i genitori e, quando fu tempo, si allontanarono dal nido per avventurarsi in altri territori, in altri boschi, conquistare i loro spazi e realizzare il loro destino... Anche tra gli umani verrà (o forse c'è già) un tempo in cui le mamme e i papà capiranno l'importanza di fare meno e meglio per i loro cuccioli. Verrà un tempo in cui anche i cuccioli di uomo potranno essere liberi di imitare, di imparare giocando, di vivere senza stress, di superare le prove e le difficoltà della vita sviluppando le proprie forze dopo averlo visto fare ai genitori. E allora sì, gli adulti sapranno di cosa sono capaci i bambini, capiranno che le loro abilità e la loro sensibilità vanno molto al di là del fatto di imparare le regole, ascoltare ed eseguire. Sapranno che possiedono già le chiavi e le risorse innate per essere felici, realizzare se stessi e manifestare qui, sulla Terra, i principi di quel mondo perfetto di cui sono simbolo.

Come imparano i bambini? Le 4 chiavi fondamentali

Siamo arrivati al cuore della questione. Fai attenzione, perché si tratta di un punto davvero essenziale. Molte delle difficoltà e delle incomprensioni, infatti, nascono da una visione distorta del loro modo di imparare. Imparare a fare tutto (e con questo non intendiamo solo l'apprendimento scolastico, ma tutto ciò che serve per vivere): parlare, camminare, mangiare da soli, fare a meno del pannolino, sviluppare abilità manuali, comunicare, memorizzare, fare le cose che fanno i grandi, gestire i propri stati d'animo ecc.

Alcune delle cose che stai per leggere potranno sembrarti assurde o inefficaci, almeno all'inizio, ma ti chiediamo di portare ancora un po' di pazienza, di lasciare da parte la visione che hai sempre avuto e, anche solo per gioco, di provare ad abbracciare quella di Madre natura.

Noi adulti siamo abituati a imparare in un certo modo: per esempio, leggendo e memorizzando, provando a fare qualcosa dopo che qualcuno ci ha spiegato come, ascoltando, prendendo appunti, assimilando informazioni. Siccome per noi funziona così, crediamo che per nostro figlio sia lo stesso. Invece no (e qui sta il guaio). Hai presente quando gli ripeti mille volte una cosa e lui continua a guardarti come se non l'avesse mai sentita? Quando con tutta la pazienza del mondo provi a spiegargli perché una cosa non si fa e lui si ostina a non voler imparare e a farla lo stesso? Tu non capisci perché non riesca a memorizzare, a ficcarsi in testa quello che gli hai spiegato e dici: "Sembra proprio che lo faccia apposta!".

Non è così. Tuo figlio è assolutamente in grado di imparare: semplicemente (soprattutto fra gli 0 e i 7 anni), lo fa in un modo diverso dal tuo. Se riesci ad assecondarlo e ti adatti al suo modo di apprendere... il gioco è fatto. Al tuo fianco ti sembrerà di avere un altro bambino: uno che segue le regole, non ribatte, memorizza ciò che gli dici (e a volte è il primo a ricordartelo), fa i compiti, si tiene lontano dai pericoli, ti dà una mano e collabora.

È possibile? Sì. Come? Provando a capire come impara lui.

1. *Il gioco*

La verità è molto semplice: tuo figlio impara giocando. Se gli insegni le cose divertendoti, se assecondi il suo approccio ludico alla vita, smetterà di entrare in conflitto e si mostrerà volenteroso e collaborativo. Ti sembra un po' semplicistico? Stai pensando che la vita non è un gioco, ma una cosa molto seria? Bevi un sorso d'acqua, tira un bel respiro e prova a pensare a questo: la vita è davvero semplice. Siamo noi a complicarcela, pensando di non avere le risorse per realizzare ciò che desideriamo. Siamo noi gli artefici delle nostre catene.

Per riordinare la cameretta, per esempio, è molto più efficace trasformarsi in Mary Poppins o far diventare la stanza una nave dei pirati, con Capitan Uncino (tu) e i mozzi che canticchiano e si affrettano a pulire prima che arrivi la tempesta o che il coccodrillo spunti dall'acqua (possiamo garantirti che funziona, e quando hai da gestire una decina di bambini è l'unica via percorribile per fare le cose in tempo e arrivare lucido fino a sera...).

Quando deve lavare i denti a fine pasto, non serve ripeterlo venti volte: è molto più utile cantare la canzoncina dei denti (su Internet se ne trovano moltissime) o raccontare la storia di Giuseppino Spazzolino che entra, lava e fa il solletico ai denti. Se è ora di andare a letto e la voglia scarseggia, è più facile iniziare mettendo a dormire le bambole, i pupazzi o le macchinine.

Quando deve imparare la lezione su Giulio Cesare, è più divertente se gliela racconti immedesimandoti nella scena e chiedendogli ogni tanto: "Secondo te come va a finire?". Questi piccoli espedienti lo aiutano ad attivare spontaneamente la sua tendenza a imparare, a ricordare senza sforzo le cose, a trasformare le piccole azioni quotidiane come lavarsi, riordinare, apparecchiare la tavola o studiare in abitudini assimilate e naturali, piuttosto che in cose da fare per forza, senza piacere e solo per senso del dovere (mette ansia anche a te, figurati a lui!).

Ricorda (lo ripetiamo perché è importante):

SE GLI INSEGNI LE COSE DIVERTENDOTI,
SE ASSECONDI IL SUO APPROCCIO LUDICO
ALLA VITA, SMETTERÀ DI ENTRARE IN CONFLITTO
E SI MOSTRERÀ VOLENTEROSO E COLLABORATIVO.

L'idea di utilizzare il gioco, soprattutto nei primi anni, non è una nuova moda o una nostra invenzione. È decidere di parlare russo con chi capisce soltanto il russo o il cinese con chi parla soltanto il cinese: è adattarti al linguaggio che tuo figlio parla e capisce fisiologicamente per natura, risparmiando a te stesso la fatica di educarlo a suon di urla e a lui il macigno di dover tradurre da una lingua che non ha mai sentito!!! Ecco perché le spiegazioni razionali e i tentativi di infarcire i bambini di regole non hanno mai funzionato e non funzioneranno mai.

2. *L'imitazione*

Tuo figlio impara molto più facilmente imitando quello che fai che non attraverso regole o sermoni: assimila nel migliore dei modi quando può osservarti, quando può assecondare il suo istinto naturale di imitarti, facendo ogni giorno e in ogni istante le cose che fai tu.

Per questo dice sempre: "Anch'io!", "Lo faccio anch'io!", "Lo voglio anch'io". Lascia che ti segua e ti osservi, gioisci quando prova a emularti. Forse ti sarai già accorto che preparare il pranzo o la cena è più facile quando lo coinvolgi (se è piccolo, dandogli un piattino di plastica e delle verdure crude per giocare, se è più grande mettendolo a impastare, a lavare, a mescolare o a tagliare, sempre sotto il tuo controllo). È più facile perché tuo figlio non desidera altro che diventare come le persone che ama e di cui si fida (mamma e papà al primo posto). Possiamo garantirti per esperienza che, se assecondi questo istinto, sarà lui a seguirti, a fare spontaneamente quello che fai tu e come lo fai tu (dal vestirsi al lavarsi, dal fare i compiti al comportarsi in modo educato). Ma questo solo a patto di aver avuto l'occasione di vederti fare le cose volentieri, con gioia. Ed eccoci arrivati al terzo punto.

3. *L'esempio*

Il tuo esempio è essenziale. Se lui sbuffa, si lamenta o non ha voglia di darti una mano, chiediti: è possibile che ti abbia visto fare altrettanto in qualche occasione? Rispondi sinceramente. Sappiamo che è difficile guardarsi allo specchio, che è molto più facile dire: "Ma da chi ha imparato?". Ma se ti osservi senza giudicarti capisci anche tu che questa frase non ha senso: nell'atteggiamento di tuo figlio (giusto o sbagliato che sia) c'è sempre qualcosa di tuo. Cerca di essere come vorresti che fosse lui, fai le cose come vorresti che lui le facesse, con gli stessi tempi, la stessa cura, lo stesso entusiasmo.

PERCHÉ IL SUO VERO
PUNTO DI RIFERIMENTO
SEI TU.

Anche se trascorre molto tempo con i nonni, a scuola, con la tata o con gli amici, le regole e le buone maniere (quelle che durano nel tempo) le impara da te. I suoi atteggiamenti li ha assorbiti per osmosi dai suoi "pilastri", nella sua casa e dai suoi genitori. Se un bambino per varie ragioni ha contatti solo sporadici con i genitori e vive a casa dei nonni, degli zii o di estranei, prenderà esempio da loro, che nel tempo sono diventati i suoi pilastri, ma se trascorre la giornata dai nonni o a scuola e la sera torna a casa con mamma e papà non è così: il suo pilastro siete sempre voi.

PIÙ TI VEDRÀ FARE LE COSE CON AMORE,
PIÙ TI VEDRÀ COMPORTARTI CON AMORE
NEI SUOI CONFRONTI,
NEI CONFRONTI DI TE STESSO E DEGLI ALTRI,
PIÙ FARÀ ALTRETTANTO.

Il suo modo di vivere e di imparare nei primi anni è tutto improntato al fare: ride, gioca, chiede, chiacchiera, smonta, rimonta, corre, salta, si nasconde, svuota gli armadi, riempie i cassetti, impara a leggere, scrivere, a far di conto ecc. Solo facendo, scegliendo, esprimendo i suoi bisogni e i suoi desideri impara a conoscere i suoi limiti e le sue potenzialità, i suoi talenti e le sue debolezze.

4. *Vivere nel qui e ora*

Tuo figlio ha una percezione dello spazio-tempo completamente diversa dalla tua. Un tuo secondo vale almeno quanto un suo minuto. Sia che sappia già leggere l'ora sia che non abbia ancora imparato, il tempo per lui ha un altro significato. Quando gli dici: "Non hai finito?", "Sei ancora lì?", "Ma ti sei già alzato? È presto (domenica mattina)!",

"Ti sei già stufato? Non vuoi giocare ancora un po'?" o il classico "ASPETTA UN ATTIMO!", è bene che tu sappia cosa succede dentro di lui in quel momento.

Tuo figlio non ti capisce: gli stai parlando in un'altra lingua.

PERCHÉ PER LUI UN ATTIMO EQUIVALE
A UN'ETERNITÀ, PERCHÉ UNA VOLTA
SODDISFATTE LE SUE CURIOSITÀ
HA BISOGNO DI PASSARE AD ALTRO,
PERCHÉ HA I SUOI TEMPI PER FARE LE COSE,
ANCHE QUANDO STA FANTASTICANDO
O GIOCANDO.

Questo processo non va bloccato con la scusa che "sta solo fantasticando" e che dovrebbe imparare a darsi una mossa: per lui è vitale affrontare le esperienze in questo modo.

Perché un tuo attimo equivale per lui a un'eternità? Perché, come tutti i bambini, vive solo nel momento presente. Una capacità formidabile che purtroppo finirà per perdere nel corso degli anni, a causa del modello educativo che riceve: quello di noi adulti, che siamo abituati a vivere arroccati nel passato e nell'ansia del futuro, in un logorio mentale che ci allontana da ciò che stiamo facendo e ci impedisce di godere il presente.

Tuo figlio no: è completamente immerso in ciò che vive e fa in ogni momento. Se sta giocando, per lui esiste solo il tempo presente del gioco (per questo, quando lo chiami, hai la sensazione che sia imbambolato o su un altro pianeta). Se sta parlando con te o stai parlando con lui, esistete soltanto tu e lui (per questo ti guarda negli occhi, ti viene vicino e assorbe tutto ciò che fai o dici senza distrarsi). La stessa cosa accade quando guarda la TV, quando sta leggendo o mangiando.

Purtroppo il momento del pasto è troppo spesso accompagnato da distrazioni più forti che non gli permettono di assaporare fino in fondo il gusto, il colore o la forma del cibo: la TV accesa, mamma e papà che parlano dei loro problemi o di altro, ma non di quello che si sta mangiando (potrebbe essere un ottimo spunto di riflessione per ragionare su una delle tante cause che generano problemi alimentari nell'infanzia).

Tuo figlio vive il presente, non ha idea di cosa significhi "tra cinque minuti", "domani pomeriggio" o "a Natale" (tanto che il giorno dopo ti chiede se Natale è già arrivato...). Per lui è una terribile frustrazione: anche quando impara a leggere l'ora, questo modo di concepire il tempo continua a sembrargli astratto, molto lontano dal suo modo istintivo di viverlo.

Se non viene condizionato, imparerà a sapere che ore sono, a prepararsi entro le 16, ad accendere la TV alle 18 per il suo cartone preferito ma continuerà a vivere immerso nel presente senza pensieri e preoccupazioni. Se invece insisti ad adattarlo al tuo tempo, inizierà a perdersi anche lui nel fiume nero dei pensieri inutili, a sviluppare stati d'ansia che non riesce a gestire, a preoccuparsi, a chiederti spesso quando si fa questo o quello.

La capacità di vivere nel qui e ora è un dono prodigioso che la natura ci ha dato: ci permette di concentrarci interamente sul presente, di imparare tutto il possibile dall'esperienza che stiamo vivendo senza lasciarci distrarre dai condizionamenti del passato o dall'ansia del futuro. È proprio grazie a questa capacità che nei suoi primi anni di vita il bambino riesce ad apprendere un'infinità di nozioni e a maturare le sue abilità con un ritmo che non avrà pari per tutto il resto della sua esistenza.

Ma questa capacità gli impedisce anche di capire il tempo come lo concepiamo noi adulti. Per questo fatica ad aspettare, si perde nei giochi che fa, è più lento di te a mangiare, non vuole andare via dalla spiaggia, vuole toccare cento volte il tasto del citofono. Ora che sai che non è in difetto e che tutto questo in realtà gli serve per imparare a vivere, ogni tanto potresti provare ad assecondarlo, facendo un grande regalo a lui ma soprattutto a te stesso: riappropriarti della capacità di vivere nel qui e ora, assaporare i suoi benefici per la tua esistenza e per quella di chi ti circonda.

Dopo tutto, come dice il Maestro Oogway in *Kung Fu Panda*: "Mollare, non mollare... Spaghetti, non spaghetti... Ti preoccupi troppo di ciò che era e di ciò che sarà. C'è un detto: ieri è storia, domani è un mistero, ma oggi è un dono. Per questo si chiama presente...".

capitolo 9

QUATTRO ASPETTI CHE TI FARANNO CAPIRE MEGLIO TUO FIGLIO

Quali differenze ci sono fra te e tuo figlio? Su quali punti sembrate essere quotidianamente divisi anche se condividete praticamente tutto? In questo capitolo te ne mostreremo quattro (i fondamentali). Ricorda: tutto questo ti aiuterà ad addentrarti sempre di più nel suo punto di vista. Solo se riuscirai a capire meglio la sua natura potrai essergli davvero d'aiuto (e non di intralcio).

Il possesso

Noi adulti abbiamo un'idea di possesso, tuo figlio ne ha un'altra. Più piccolo è, anzi, più le vostre differenze si accentuano. Vediamole insieme:

Non riesce a condividere

Durante la fase egocentrica, tuo figlio non è ancora capace di condividere qualcosa con gli altri, soprattutto se si tratta di coetanei. Per lui è davvero difficile lasciar andare quello che ha in mano o con cui sta interagendo (vale anche per mamma e papà, per esempio quando devono andare a rispondere al telefono). Deve potersi sentire padrone del mondo e di se stesso: solo così impara a conoscere e gestire le sue risorse e a prendere confidenza con ciò che lo circonda (padroneggiando gli input che riceve senza restarne in balia). Questo non significa "comandare su tutto e su tutti", ma solo esercitare pieno potere su se stesso e sulle cose intorno a lui per imparare a governarle e a utilizzarle. Un'idea assai lontana da quella di noi adulti, che spesso ci crediamo vittime di forze esterne che ci impediscono di ottenere ciò che vogliamo (e che in realtà siamo noi stessi a crearci, proprio perché siamo incapaci di far leva sulle nostre risorse). I bambini in questo sono veri maestri.

È tutto "suo"

Quante volte ti sarà capitato di sentirgli dire: "È mio, è mio!" e di pensare di aver creato un mostro? Niente affatto! Che si comporti così (soprattutto nei primi anni) è un segno che sta benissimo: sta completando il processo di individualizzazione essenziale per la sua crescita. Può sembrarti paradossale, ma assecondandolo in questo bisogno gli risparmi la sorte che più temi: quella di diventare un adulto egocentrico, sfiduciato ed egoista, incapace di autostima. Assecondarlo non significa necessariamente dargli tutto; nei limiti del possibile sarebbe bene farlo, ma già solo riconoscergli verbalmente questo diritto lo aiuta a sentirsi rassicurato e più disposto a condividere i suoi giochi con altri bambini. Pretendere che condivida troppo presto i suoi tempi e i suoi spazi fomenta in lui il senso di sfiducia e di frustrazione.

Da adulto si sentirà spinto a compensare questo bisogno inappagato cadendo nella trappola di volere sempre di più, di dover primeggiare a tutti i costi, di voler essere sempre al centro dell'attenzione e avere continue conferme dall'esterno, di riempire quel vuoto con oggetti materiali, con la frustrante sensazione che non sia mai abbastanza e al tempo stesso di non meritare di più.

Non può considerare le esigenze degli altri

A quest'età non riesce a capire che arrivando dal lavoro sei stanco e non hai le forze per giocare con lui, che puoi essere distratto, triste, preoccupato. Sente le tue emozioni, le assorbe, magari le manifesta con un sonno agitato o uno sfogo di rabbia, ma non riesce a mettere al secondo posto i suoi bisogni, a "concederti" di pensare a te stesso e non a lui. Tu, d'altra parte, non puoi nemmeno illuderti di essere sempre felice, riposato e contento. Non si tratta di soffocare le emozioni negative: quando arrivano accoglile, rielaborale, prova a risolverle alla radice e, quando sei con lui, fai il possibile per vivere il presente, renditi disponibile come sempre.

Con il tempo, mano a mano che crescerà, sarà lui stesso a mostrarti che si sta distaccando da questi meccanismi per abbracciare un atteggiamento più maturo e in sintonia con le fasi successive. Per esempio, potrà capitare che dica di voler regalare a un cuginetto o al fratellino un gioco che non usa più o che ti chieda se hai bisogno di una mano.

Non sempre però si riesce ad assistere a questo passaggio nei tempi naturali. Se tuo figlio non ha ancora esaurito la sua fase egocentrica, rimarrà in lui il bisogno di colmare il vuoto affettivo prolungando quei comportamenti anche oltre i primi 7 anni. In questo caso è bene non preoccuparsi ma attivarsi per sanare quel bisogno, proprio come faresti con un bambino più piccolo. Questa sorta di regressione nel giro di qualche settimana o di qualche mese può dare ottimi risultati.

Le regole

E queste benedette regole che danno tanto filo da torcere a mamme, papà, insegnanti, educatori, perfino ai bambini... vanno date o non vanno date, vanno ripetute oppure no, vanno scritte, canticchiate, urlate?

Noi adulti a volte ne abusiamo, nostro figlio ne manda giù fin troppe: non accompagniamo i nostri messaggi con abbastanza calore, lo rimproveriamo in modo pungente e lui, di conseguenza, è costretto a proteggersi, a mettersi sulla difensiva, a tirar fuori i denti e... troppo spesso piange. Non è un problema che pianga. Lo aiuta a buttare fuori le emozioni, a calmarsi. Piuttosto, dovremmo chiederci perché piange, capire se gliene stiamo dando motivo.

Ma torniamo alle regole. Senza limiti, senza esempi, tuo figlio si troverebbe a disagio nel mondo. Ha bisogno di confini sicuri entro cui muoversi, proprio come un fiume. Se il fiume ha un letto ampio in cui scorrere, l'acqua riesce ad arrivare al mare senza intoppi. Se il letto manca, l'acqua ristagna e rischia di imputridirsi. D'altra parte, se il letto c'è ma è troppo stretto rispetto alla portata dell'acqua, questa esonda provocando disastri.

Le regole, insomma, ci sono e vanno date. Ma *come*? La questione è tutta qui, perché è qui che nascono i problemi. Per questo è così importante che tu sappia che tuo figlio fra gli 0 e i 7 anni...

Non comprende i messaggi razionali come noi adulti

Anche se gli dici e gli ripeti: "Fai questo, fai quello", "Ricordati che...", "Si fa così perché...", "Questo non lo devi dire, fare o toccare perché..." ecc., lui non ti ascolta, non ricorda quello che gli hai detto. Ti stupisci, ti alteri, hai la sensazione che ti stia sfidando. Pensi che non ti ascolti, ma la verità è che non ti capisce. Ti sembra impossibile? Invece è proprio così. In questa fase, tuo figlio ha un unico modo per assimilare una regola e rispettarla: vedere nella pratica come si fa. Impara se ha qualcuno da osservare e imitare, se l'informazione gli viene trasmessa in modo divertente e, nel caso qualcosa andasse storto, se può far tesoro dell'esperienza e rimediare all'errore senza essere rimproverato.

Non accetta indicazioni astratte che non tengono conto di come si sente

Per lui è impensabile adattarsi a una regola fredda e astratta (magari scritta su un cartello in cucina o sulla porta della cameretta). Per esempio, se ripeti come un rosario: "Ogni volta che finisci di mangiare devi lavarti i denti", "I vestiti sporchi vanno nella cesta del bucato", "Se ci sono ospiti in casa non si urla", "Quando la mamma parla non si interrompe", "Quello che hai nel piatto lo devi finire" o "La TV dopo dieci minuti si spegne", lui si fa delle domande. Per esempio: "Ha un senso quello che mi stai dicendo?", "Tieni conto di come mi sento?", "Ti sei chiesto perché non mi ricordo di lavare i denti, di infilare i vestiti nella cesta o non ho voglia di spegnere la TV?". Se vuoi che le tue regole funzionino, prendi la buona abitudine di considerare prima il suo punto di vista, facendoti anche tu queste domande e provando a trovare delle buone risposte: vedrai che il rispetto delle regole verrà da sé.

I limiti

Sai già quanto sia fastidioso per tuo figlio sentirsi dire di no. Che fare allora? Devi forse smettere di limitarlo e cedere su ogni fronte? Anche in questo caso vale la metafora del fiume. È ovvio che non si può fare tutto: non si va da soli in posti pericolosi, non si infilano le dita nella presa di corrente, non si possono mangiare merendine in continuazione ecc. D'altra parte, è ovvio che tuo figlio può fare molto più di quanto gli viene solitamente concesso.

NEGARGLI TROPPE COSE SENZA UN MOTIVO VALIDO
PROVOCA IN LUI UN'INTENSA FRUSTRAZIONE,
UN ACCUMULO DI ENERGIA INESPRESSA
CHE PUÒ DIVENTARE FONTE DI TENSIONE
E INSOFFERENZE INUTILI
(E PRIMA O POI SFOCIARE IN UN CAPRICCIO).

Come trovare una giusta via di mezzo? Anche in questo caso, il segreto sta tutto nel come dai i limiti e nel come lui li percepisce. Se il tuo no è freddo e perentorio e cela tensione, paura o un'impazienza da parte tua, ci sono poche possibilità che tuo figlio lo accolga con favore. Se invece ti sforzi di capire le sue motivazioni e provi a spiegargli perché non può fare una cosa, avrai molto più successo. Sforzati di accogliere il suo stato d'animo prima e dopo il no: prova a capire come si sente e cosa sta provando, digli che ha ragione a essere contrariato. Se si sente accolto e capito, riesce ad accettare più favorevolmente i no e i limiti necessari.

Il gioco

Il gioco e l'imitazione sono il re e la regina del suo mondo, regolano e governano la sua crescita. Se questi due elementi sono presenti, tuo figlio sa di poter contare sui suoi paladini naturali, che gli garantiranno un ottimo apprendimento. Oggi abbiamo un'idea un po' distorta del gioco: lo circondiamo di giocattoli ipertecnologici spesso troppo in anticipo sulla sua età, di bambole, balocchi e macchinine che in genere non vengono utilizzati, di giochi elaborati che non permettono alla sua fantasia di scatenarsi... Finiamo per confondere il gioco con una tata o con un buon passatempo che permette a noi adulti di fare altro. Ma quando tuo figlio gioca non sta passando il tempo: i giochi non servono a fargli compagnia! Con il gioco misura le sue capacità, le rafforza, verifica le sue intuizioni, impara, gioisce, simula la vita degli adulti.

Eccoti qualche linea guida e qualche suggerimento utile:

- Più dedica i primi anni al gioco e alla fantasia, più impara.
- Il gioco stimola le sue capacità cerebrali.
- Lascia che sia lui a scegliere il tipo di gioco da fare in ogni momento.

- Il gioco deve essere adatto alla sua età.
- È importante che possa interagire con gli oggetti (per esempio, qualcosa che fa rumore se viene mosso, un pezzo di legno da trasformare in base alla fantasia del momento ecc.).
- Ha sempre un buon motivo per fare quello che fa, per sperimentare cose nuove e per giocare in un certo modo, anche se tu non ne capisci il senso.
- Prediligi oggetti semplici e di uso comune da trasformare in giocattoli.
- Evita di interferire in modo eccessivo: tuo figlio non ha bisogno di "imparare" a giocare. L'esperienza sta proprio nello scoprire il risultato di una certa azione, l'esito di una determinata attività.
- Quando gioca lascialo interagire spontaneamente con l'ambiente.
- Per imparare ha bisogno di abbinare il gioco al movimento.

Non occorre essere un pediatra, un educatore o un esperto per far giocare tuo figlio rispettando queste buone abitudini.

capitolo 10

LE ARMI INEFFICACI CONTRO I CAPRICCI (E CHE PEGGIORANO LA SITUAZIONE)

Perché le soluzioni che hai adottato finora non hanno funzionato come speravi? Forse perché, senza che tu lo sapessi, non erano le migliori o avevano poco a che fare con la sua natura. Magari hanno funzionato nell'immediato: in genere un bambino si paralizza davanti a un urlo ben piazzato, all'umiliazione di essere messo all'angolo o allontanato dalla stanza o dal gruppo di compagni, si deprime e si addolora (per usare un eufemismo) nel vederti infuriato, infastidito o deluso.

Ma a lungo termine? Di solito, appena girato l'angolo, sembra dimenticare la punizione, l'urlo o la minaccia ed è pronto a rifare in qualsiasi momento il gesto per cui era stato sgridato o punito. Come se rimuovesse tutto, come se di punizione in punizione diventasse sempre più immune (in realtà è un bene, ci dice che il suo sistema di difesa funziona alla perfezione!) e tutto fosse ogni volta da rifare, con grande rammarico e fatica da parte di mamma e papà.

Sei soddisfatto di questo? Hai deciso di accontentarti? Non preferiresti risolvere la questione capricci una volta per tutte? Se hai scelto la terza opzione, vediamo innanzitutto le cose che non funzionano con tuo figlio.

Le punizioni

Prima o poi ti sarà capitato di doverlo punire, anche se per principio saresti contrario. Le hai provate tutte ma lui non ti ascolta, non capisci perché e la cosa ti esaspera, non sai più cosa fare ed ecco che una forza più grande di te che non riesci a controllare ti fa "scappare" di bocca la tanto odiata punizione...

- "Basta, vai di là e non torni finché non ti chiamo io!"
- "Adesso spengo e per una settimana niente televisione!"
- "Smettila! Ora ti siedi qui e ci resti finché non mi chiedi scusa!"
- "Discorso chiuso: ti ritiro quel gioco e te lo scordi!"
- "Adesso ti metto in castigo: vai di là e riordina tutti i giochi mentre tua sorella finisce di guardare i cartoni!"
- "Niente più dolci/TV/giochi/partita di calcio/coccole finché non lo decido io!"
- "Conto fino a tre..."

Aaaahhhh...!!! Non si sa perché, ma una cosa così innaturale come la punizione ci dà un senso di soddisfazione, quasi di pace... Siamo dei mostri? Niente affatto! Semplicemente, la punizione fa il suo "sporco" lavoro. Fa quello per cui è nata: aiuta chi la infligge a liberarsi di un'emozione negativa. Hai mai notato che, anche se ti dispiace, dopo tiri sempre un sospiro di sollievo e ti senti alleggerito?

LA PUNIZIONE SERVE SOLO
A CHI LA INFLIGGE.
LO FA SENTIRE PIÙ FORTE
NEGANDO LA VERA EMOZIONE SOTTOSTANTE:
IL DISAGIO DI NON AVER SAPUTO GESTIRE
LA SITUAZIONE, LA PAURA
DI SENTIRSI PREVARICATO.

La punizione non ha nulla a che vedere con il bene di tuo figlio. Non è una lezione da cui può imparare qualcosa. Perché?

Quello che stiamo per dirti potrà sembrarti un po' buonista e fuori dal mondo, assolutamente inadeguato per un bambino "tosto" come quelli di oggi, che ne sanno una più del diavolo e non mollano mai l'osso. Vogliamo comunque che tu lo legga, per aiutarti a sfatare il mito che tuo figlio sia un adulto in miniatura (solo un po' più basso e con meno competenze) e ragioni come un adulto. In realtà, anche se ti sembra un tipo "tosto" (si tratta di un atteggiamento difensivo che lo aiuta a proteggersi e a preservare la sua natura), tuo figlio ha un animo sensibile, aperto (se ne ha la possibilità) e ama le maniere dolci (abbiamo detto dolci, non "molli").

Le punizioni generano un trauma e gli insegnano che da grande potrà infliggerle a sua volta (perfino a te!)

Tuo figlio ti percepisce come il suo unico riferimento, il più importante. Da te vuole amore, comprensione, aiuto, protezione. Se invece di capirlo (identificando la sua motivazione profonda) e di aiutarlo a risolvere la sua difficoltà senza giudicarlo tu lo punisci, per lui è un trauma. Non stiamo esagerando. Forse per te i traumi violenti sono altri (per esempio una brutta caduta, un lutto, un grande spavento, una grave violenza) e la punizione non può essere annoverata in questo elenco. Ma non è così, e te lo diciamo dal più profondo del cuore: la punizione per lui rappresenta un trauma. Hai mai provato a distaccarti per un attimo dalla tua rabbia e a guardare tuo figlio subito dopo che l'hai punito? Che cosa vedi? Hai mai provato a guardarlo negli occhi? Forse credi di sì, ma non lo hai fatto veramente.

Se così fosse, nei suoi occhi vedresti la paura, l'umiliazione, in certi casi la disperazione. Sentiresti una morsa al petto così forte, uno schiaffo morale così lacerante che ci penseresti dieci volte in più prima di tornare a ferire i suoi sentimenti. Quello che vogliamo fare in queste pagine è proprio aiutarti a conoscere la sua natura e fornirti gli strumenti per modificare tutti gli atteggiamenti che lo danneggiano. Non sentirti in colpa se fino a ieri le punizioni erano il tuo pezzo forte. La colpa non è tua: forse non sapevi davvero che altro fare, forse anche tu da piccolo sei stato vittima di punizioni più o meno dure. Anche se può sembrarti un paradosso, è normale che in caso di difficoltà riproduciamo automaticamente le risorse che abbiamo appreso durante l'infanzia, persino quelle che abbiamo subito. In più possiamo assicurarti che se tuo figlio è ancora nella fascia d'età giusta e inizi ad affrontare le difficoltà in un altro modo, le eventuali ferite affettive saranno rimarginate dal tuo nuovo atteggiamento.

LA PUNIZIONE GLI FA PERDERE I SUOI RIFERIMENTI,
LO FA SENTIRE SOLO, ABBANDONATO, TRADITO.
LE PERSONE CHE AMA NON LO CAPISCONO,
PERDONO IL CONTROLLO:
"DI CHI MI POSSO FIDARE?".

Davanti alla punizione resta allibito e confuso

Tuo figlio in realtà sa perfettamente di cosa ha bisogno, ma non ha ancora sviluppato la capacità razionale di analisi che gli permette di esprimerlo verbalmente. Davanti alla punizione non ne capisce il motivo, pensa che tu sia impazzito, che ti stia confondendo ("Ma cosa fa? Aiuto! Non l'ho fatto apposta: perché fa così invece di aiutarmi?", "Non ho voglia di spegnere la TV, mi fa compagnia... Se la spengo mi sento solo, non riesco proprio a staccarmi: perché non se ne accorge, perché si arrabbia invece di aiutarmi?", "Perché mi dà la colpa, perché non mi capisce? Non sopporto che mia sorella tocchi i miei giochi, è più forte di me, non ce la faccio a non scaricare la mia rabbia su di lei!").

Più tuo figlio è piccolo, meno è capace di comprendere i tuoi atti e più resta confuso. Il messaggio che incamera è del tutto contraddittorio: "Ricevo aggressività, giudizio e intolleranza da chi dovrebbe amarmi, aiutarmi e proteggermi. Proprio le persone per le quali dovrei essere speciale mi fanno capire che sono sbagliato, cattivo, inadeguato. Come posso fare affidamento sulle mie capacità, se mamma e papà sono i primi a non credere in me?".

Le punizioni inibiscono il suo desiderio di sperimentare e di apprendere

Spesso siamo noi a creargli per primi delle limitazioni, anche involontariamente. Corriamo a comprargli giocattoli all'avanguardia perché "impari più in fretta" e non ci rendiamo conto di castrarlo ogni volta che si accinge a fare una scoperta, a soddisfare le sue curiosità e le sue intuizioni (il modo migliore e più veloce per imparare). I nostri no, le nostre occhiatacce, i nostri indici alzati sono tutti freni che scattano in automatico e gli lanciano il segnale: "Non va bene, sei sbagliato, non puoi crescere come vuoi, non puoi usare le risorse interiori su cui pensavi di contare".

Le punizioni istigano alla menzogna

La punizione non solo non risolve la causa scatenante dell'azione, ma rafforza l'impulso a compierla. Se tuo figlio aveva bisogno di scoprire il funzionamento di una cosa, di verificare un'intuizione o di soddisfare un desiderio, stai pur certo che ci riproverà, anche di nascosto. È più forte di lui. Davanti ai desideri, ai bisogni, alle emozioni, alla forza della vita che lo spinge a crescere, imparare, soddisfare e sperimentare, non c'è nulla che tenga.

I modi duri e colpevolizzanti creano blocchi emotivi. Per le ragioni che ti abbiamo già anticipato, al di là dei toni duri e del messaggio (verbale o non verbale) colpevolizzante, la punizione crea una ferita affettiva. Più tuo figlio si sente sbagliato e non amato, più la sua autostima diminuisce, acuendo il senso di debolezza e fragilità e di conseguenza anche la sua ansia e le sue paure.

Punizione, giudizio e disapprovazione fomentano l'aggressività

Hai mai osservato attentamente un acino d'uva? Ti sarai reso conto che la pellicina esterna è sempre un po' tirata rispetto alla polpa e ai semini che contiene. Cosa succede se la togli? L'acino si rilassa, si gonfia un pochino, riprende la sua forma originaria, leggermente più grande rispetto all'involucro. A volte la pellicina è così tesa che ti basta premere con due dita per far scoppiare l'acino e far fuoriuscire il succo. Cosa succede se fai bollire l'acqua per la pasta in una pentola troppo piccola? Anche se metti il coperchio, quando arriverà a bollore uscirà comunque, sporcando il piano cottura e a volte spegnendo addirittura la fiamma del gas. Cosa succede quando l'uomo cerca di deviare il corso di un fiume per costruire abitazioni o strade? Il fiume prima o poi si riprende il suo letto, originando quelle che noi chiamiamo catastrofi. Cosa succede se tieni un animale in gabbia per troppo tempo? Siamo esseri umani, ma i principi di natura sono uguali per tutti.

Anche tuo figlio ha bisogno di un contenimento e di sapere come fare le cose, ma se le indicazioni che gli dai sono troppo limitanti o non adatte, prima o poi scoppia. Un bambino aggressivo è sempre un bambino represso, che non viene compreso in modo adeguato, che viene limitato eccessivamente, che viene considerato più grande di quello che è o che ha al suo fianco adulti aggressivi, nervosi e intolleranti (genitori che alzano la voce, criticano, si lamentano, hanno scatti di rabbia o di isterismo, perdono la pazienza, si agitano).

Meglio rimboccarsi le maniche e correre ai ripari, piuttosto che arroccarsi su giustificazioni che non risolvono il problema ("Ma dài, come si fa a non arrabbiarsi?", "Su, capita a tutti ogni tanto", "Sì, ma tu non conosci mio figlio", "Non sai com'è disastrata la mia vita", "Dài, che sarà mai" ecc.).

Un'ultima riflessione che dovremmo fare tutti noi adulti: come ci sentivamo noi quando ci punivano da bambini? La punizione risolveva il nostro disagio? Che considerazione abbiamo oggi per chi ci puniva ignorando i nostri sentimenti, senza chiederci cosa provavamo e di cosa avevamo bisogno?

Il time out

Il time out è un altro espediente che di questi tempi va per la maggiore. Proprio come nelle partite di calcio o di basket, consiste nel dare al bambino l'ordine di fermarsi e interrompere quello che sta facendo, dicendo o esprimendo (compreso il capriccio) per un tempo più o meno lungo stabilito dall'adulto.

Quali sono i benefici di questo sistema? In realtà sono solo apparenti, ma a un'occhiata superficiale può sembrare che lui, pur con qualche rimostranza, si blocchi: si rassegna ad appartarsi in silenzio o continua a fare quello che stava facendo ma in un modo diverso, più congeniale all'adulto. A prima vista, dunque, abbiamo ottenuto il nostro scopo: la situazione è tornata alla normalità, abbiamo potuto confermare la nostra supremazia (siamo stati "bravi", siamo riusciti a fargli capire chi comanda).

E sotto la superficie? Se ci prendiamo la briga di guardare in profondità, che cosa vediamo? *Abbiamo accolto la motivazione del bambino? Lo abbiamo aiutato a risolvere il problema?* No.

IL TIME OUT ALIMENTA LA SUA INSICUREZZA
E NON LO AIUTA A CAPIRE
PERCHÉ CERTE COSE NON SI FANNO.

In questo modo, fra l'altro, non lo rendi libero di esprimere le sue emozioni e le sue istanze, gli impedisci di dire la sua sinceramente, senza paura di vedersi frenato o giudicato. Evita di utilizzarlo: più avanti ti daremo un'alternativa valida a cui ricorrere.

L'angolo della riflessione

Ecco un altro espediente improvvisato e molto in voga ai nostri giorni: il bambino "cattivo" o non adeguato viene confinato in un angolo, a volte anche in un'altra stanza, per farlo riflettere sul suo comportamento, indurlo a scusarsi o a trovare un rimedio all'accaduto (e magari anche una spiegazione logica e un'analisi dettagliata dei fatti...).

Di male in peggio! Tuo figlio, soprattutto nella fase egocentrica, non ha gli strumenti per ragionare come gli adolescenti o gli adulti: come può riflettere razionalmente sull'accaduto? Ora capisci perché ci siamo tanto allontanati dai suoi bisogni? Ci ergiamo a inventori di tecniche ed espedienti senza tenere conto della sua vera natura!

LA SEDIA DELLA RIFLESSIONE È UMILIANTE
E PER NULLA RISOLUTIVA
(LE MOTIVAZIONI SONO LE STESSE
CHE HAI LETTO PER IL TIME OUT).

E poi, come ti sentiresti se al lavoro per una distrazione ti mettessero a riflettere in un angolo? Perché allora umiliare tuo figlio e ferirlo emotivamente?

Il rinforzo positivo

"Che cosa scelgo fra il bastone e la carota? Se scelgo il bastone rischio di sembrare troppo rigido e all'antica... Meglio ripiegare sulla carota: faccio bella figura, non creo traumi o ferite a lui e mi sento un genitore adeguato, coerente e positivo.

"Mi congratulo con lui quando si comporta bene e porta a casa un bel voto, gli dico che se sistema la cameretta è proprio bravo e domenica lo porto al cinema o gli compro un nuovo gioco della PlayStation senza aspettare Natale...

"E quando combina una marachella? Quando prende un

brutto voto? Quando fa il diavolo a quattro o non vuole darmi una mano? Quando lascia tutto in disordine? Quando dice le parolacce? Quando tira i capelli a sua sorella e la fa urlare come un'aquila (che fastidio i bambini che urlano...)?

"Be', in quei casi cerco di mantenere la calma, provo a spiegargli che non si fa, che non è stato un bravo bambino, che lo preferisco quando si comporta bene... Senza alzare la voce, picchiarlo o punirlo: magari lo guardo con gli occhi torvi, arriccio un po' la bocca, metto una mano sui fianchi, il gomito in fuori alla Mussolini, e con l'altra gli faccio segno di no con l'indice. Magari mi mostro un po' offeso, un po' offeso, deluso o contrariato dal suo comportamento. Ma non lo picchio e non lo mando di là: se proprio esagera alzo solo un pochino la voce... Dovrà pur imparare!"

Certo. In effetti sembra un buon sistema per indurre un figlio a fare le cose che vogliamo e che deve fare, per convincerlo a essere un bravo bambino... A pensarci bene, però, c'è qualcosa che stona, che non ci convince. "Come siete pignoli!" penserai. Sì, quando si tratta di crescita e di bambini, dobbiamo ammetterlo, siamo molto pignoli. In fondo sono loro gli uomini del futuro, e se abbandoniamo per un attimo la nostra visione ristretta non possiamo non renderci conto che per un cambio di rotta decisivo occorrono individui più maturi, più equilibrati, più autonomi, più sensibili. (Che questo di riflesso implichi un cambiamento favorevole anche in noi genitori è un altro discorso, che forse meriterebbe un volume a parte.)

Ma torniamo al rinforzo positivo. A un primo sguardo, in effetti, sembra la giusta via di mezzo, che ci permette di trasformarlo in un "bravo bambino" senza essere troppo rigidi. Come? In sostanza, lodandolo, gratificandolo e premiandolo ogni volta che fa qualcosa di buono o si comporta come dovrebbe (in definitiva, quando fa quello che vogliamo e si adegua all'idea di bravo bambino che abbiamo in testa).

Tutto questo, in realtà, ricorda più una tecnica di addestramento. Se vuoi educare tuo figlio dandogli la possibilità di essere se stesso, di conoscersi, imparando anche dagli errori, se necessario; se punti a crescere un adulto sicuro, fiducioso e capace di assumersi le proprie responsabilità, devi essere disposto a valorizzare le competenze tipiche di ogni fase in cui si trova, rafforzando progressivamente la sua autonomia ed evitando di farlo sentire sbagliato.

Con il rinforzo positivo questo non accade. Volendo solo sentirsi amato e riconosciuto, il bambino spera di corrispondere ai desideri di mamma e papà, ma non sempre ci riesce. Spesso loro lo fanno sentire involontariamente inadeguato perché lo giudicano, lo limitano, pretendono da lui cose che non può fare.

PUR DI SENTIRSI AMATO E RICONOSCIUTO,
LUI RINUNCIA A ESSERE SE STESSO
PER ADATTARSI AL BAMBINO IDEALE
(MA NON REALE) CHE MAMMA E PAPÀ
HANNO IN TESTA.

Tuo figlio ha una capacità formidabile di adattarsi al tuo volere. In cambio di un po' d'amore, è perfino disposto a contraddire la sua natura. Il rinforzo positivo è lo strumento perfetto: *fallo sentire amato e valorizzato solo quando fa ciò che vuoi tu o si comporta in base ai tuoi valori (lui intanto perde la sua spontaneità e si adatta al tuo modello).*

In fondo non si discosta molto dalla filosofia della punizione: è solo l'altra faccia della medaglia.

Ma davvero vogliamo un futuro di uomini marionetta? *Davvero vogliamo dei bambini ammaestrati che rinunciano alla loro spontaneità, alla loro vitalità?* Come potranno avere fiducia in se stessi e nelle loro infinite potenzialità, se li costringiamo a svendersi per una manciata di caramelle? Come potranno imparare dagli errori, se da piccoli gli insegniamo solo ad agire a comando?

Tuo figlio ha diritto a ricevere il tuo sostegno per poter essere quello che è, non ciò che vorresti tu. Se viene accolto nei suoi bisogni e rispettato nella sua natura di individuo umano, non può diventare un bambino maleducato: lo diventa solo se ha un motivo per essere arrabbiato o per sentirsi tradito, in gabbia.

Lo sai da dove nasce la teoria del rinforzo positivo? È cominciato tutto nel XIX secolo, quando lo sviluppo scientifico ha spinto l'uomo a chiudere gli animali in laboratorio per realizzare i suoi esperimenti (purtroppo avviene ancora oggi). Come tenere buoni quegli animali in gabbia, come convincerli a adattarsi alla luce e ai ritmi artificiali del laboratorio? Gli scienziati hanno iniziato a capire che potevano indurli a compiere determinate azioni diminuendo la loro razione di cibo: li lasciavano un po' "a stecchetto", e se eseguivano correttamente gli ordini li premiavano con un bel bocconcino.

Sarà evidente anche a te che in questo modo la natura dell'animale viene completamente calpestata. Cosa sarebbe successo se si fosse trovato nel suo habitat naturale, in pieno possesso delle sue facoltà? Pensi che gli scienziati avrebbero avuto la meglio?

Forse ti sembrerà assurdo paragonare la situazione che abbiamo appena descritto a quella che vivi in casa con tuo figlio. In effetti è diversa ma, a ben guardare, la sostanza non cambia. Se utilizziamo il rinforzo positivo, in fondo facciamo la stessa cosa: razioniamo le cose che desidera (dalla caramella al gioco, dalle nostre attenzioni al nostro amore o al nostro riconoscimento) per dargliele solo quando si comporta come vogliamo.

Per gli scienziati, come per noi adulti, è facile mettere in campo questa strategia. Come l'animale, infatti, anche tuo figlio si trova nella posizione più vulnerabile, e questo per tre motivi principali:

- *Non è ancora un individuo maturo*. È chiaramente in svantaggio: sente, percepisce, ma non riesce a elaborare razionalmente, non ha gli strumenti per ribaltare la situazione a suo favore (in parole povere, non può mandarti a quel paese, fare la valigia, prelevare dei soldi e trasferirsi in albergo).

- *Dipende ancora dall'adulto*: pur di ricevere le attenzioni vitali di cui ha bisogno, deve per forza adattarsi a quello che gli viene offerto (il rischio di non ricevere amore è troppo alto, le conseguenze sono troppo scottanti).
- *Ha meno esperienza di te*: è intelligente, attivo, lungimirante, ma la reverenza che ha per te è tale che prima o poi cede alla tua volontà, seppure a malincuore: inizialmente potrà ribellarsi, ma alla fine si adatta sempre (proprio come la teoria dell'addestramento prevede).

E ora dissacriamo un mito: qualsiasi cosa tu faccia, tuo figlio non diventerà mai un robot, un soldatino o una bambola da comandare a piacimento (per fortuna).

ANCHE SE CERCHI DI AMMAESTRARLO
E ALL'INIZIO AVRAI LA SENSAZIONE DI RIUSCIRCI,
PRIMA O POI SI RIBELLERÀ.
LA NATURA NON SI PUÒ FRENARE,
BLOCCARE, DOMINARE:
È PIÙ FORTE DI QUALSIASI COSA,
E ALLA FINE LA SPUNTA SEMPRE.

Deve fare le cose per il gusto di farle, per il piacere di scoprire e di imparare, non per gratificare mamma e papà, per ricevere un "bravo" o qualcosa in cambio. Di conseguenza, cerca di evitare le situazioni in cui tuo figlio si sente indotto a fare qualcosa in cambio di qualcos'altro. Altrimenti spegni le sue risorse naturali, attivi il meccanismo della performance e dell'ansia da prestazione, privandolo dell'opportunità preziosa di edificare le fondamenta della vita in se stesso invece che all'esterno.

La pratica

capitolo 11

LE 12 SFINGI PER RISOLVERE QUALSIASI CAPRICCIO

DAL DIARIO DI ROBERTA

V. MI REGALA DEI SOLDI (FINALMENTE!)

È passato molto tempo dal nostro primo incontro: sono tre anni ormai che V. trascorre con noi buona parte dell'estate e il Natale. Ogni volta lo accogliamo a braccia aperte e facciamo il possibile per aiutarlo a crescere, a mitigare le ferite del passato in modo che la rabbia, l'aggressività e la paura lascino il posto alla sua natura docile e al tempo stesso forte e coraggiosa.
La settimana scorsa abbiamo raccolto un altro frutto: un vero dono, che ha premiato il nostro impegno ma soprattutto i suoi sforzi per superare i meccanismi del passato e tornare ad avere fiducia negli adulti.
V. non ha mai amato perdere. Anzi, una sua caratteristica è sempre stata quella di voler vincere a tutti i costi. Se non riusciva ad arrivare primo, era un vero dramma. Arrivava anche a barare e a dire bugie pur di raggiungere il suo scopo. In un bambino piccolo, sarebbe più che comprensibile. Il problema è che V. oggi ha 11 anni! Sono sempre stata consapevole che le sue carenze affettive potevano farlo sembrare e sentire un bambino molto più piccolo di quello che era... Ma io come dovevo comportarmi?
La mia risposta è stata questa: non fare nulla, a parte cercare come sempre di sanare le sue ferite. Poi, la settimana scorsa, è successo. Stavamo giocando a Monopoli (quello

per bambini, che lui adora): io facevo i miei interessi, come se stessi giocando con un mio pari, senza favorirlo in alcun modo. Mi aspettavo delle sonore proteste e invece... niente: anche lui faceva il suo gioco, senza drammi, anzi divertendosi molto. Ad un tratto sono finita in netto svantaggio. Lui, pur di non interrompere il gioco, mi ha regalato (regalato, non prestato) un bel po' di soldi perché potessi continuare a divertirmi con lui.
Quando comprava da me dei quartieri, invece di scegliere quelli che mi avrebbero svantaggiata, si impossessava di quelli di medio valore per agevolare entrambi. Senza performance, senza inutili corse a chi vince (di qualsiasi gioco si tratti, evito sempre di insistere su questo lato sottolineando piuttosto lo sforzo per superare i propri limiti), abbiamo trascorso un pomeriggio divertente, intenso e gratificante, aiutandoci l'un l'altro per il semplice gusto di imparare, giocare, stare insieme. Bellissimo.

E ora un po' di pratica...

Le 12 sfingi che stai per leggere sono i principi base che permettono di risolvere qualsiasi capriccio.

Finora abbiamo affrontato gli ostacoli interiori che possono minacciare la relazione con tuo figlio. Ti abbiamo spiegato che cosa sono i capricci e l'importanza di riuscire ad anticipare i suoi bisogni e a restare fermo nelle tue scelte.

Ormai conosci più da vicino i suoi bisogni fondamentali e i metodi educativi da cui tenerti alla larga, non solo per il suo bene ma anche per il bene del vostro rapporto.

Adesso possiamo dedicarci un po' alla pratica, esaminando gli ingredienti essenziali per disinnescare i capricci o riuscire a risolverli nel migliore dei modi. Ciascuno di loro contiene una grande verità (è per questo che si chiamano "sfingi"): in effetti, si tratta di dodici parole magiche che possono aiutarti a superare qualsiasi difficoltà, non solo nel caso dei capricci, ma più generale, nella vita di tutti i giorni.

1. *Sintonia*

Evita se possibile:

- Di andartene e lasciarlo solo (pensa di non interessarti e si sente abbandonato in un momento di difficoltà).
- Di distogliere l'attenzione dicendogli che "quando fa così" non lo vuoi sentire.
- Di ignorarlo.
- Di dirgli che prima o poi gli passerà.
- Di dirgli che se la cavi da solo perché deve imparare.

Perché queste risposte non possono funzionare?

Perché, come sai già, il capriccio non è mai solo un capriccio: non è una cosa di poco conto, ma un reale momento di difficoltà, in cui tuo figlio vive un disagio profondo e ha bisogno di te. Questa è, in assoluto, la prima falsa credenza di cui ti devi liberare. All'inizio è normale che te ne dimentichi, che ti venga da sbuffare o pensi che le sue "siano soltanto storie".

Ma se metti al primo posto il suo disagio e la sua motivazione profonda, possiamo garantirti che nel giro di qualche giorno o di qualche settimana avrai imparato perfettamente a considerare questi stati d'animo per quello che sono veramente, con tutti i benefici che ne conseguono.

2. *Sentimenti (tuoi)*

Evita di dire se possibile, con aria di offesa e di sfida:

- "Quando avrai smesso di piangere..."
- "Quando sei pronto ci trovi di là!"
- "Da te non tollero questo comportamento!"
- "Quando ti deciderai a finirla allora ti parlerò!"

Per forza prima o poi smette di piangere o di fare il muso e torna da te con la coda fra le gambe... Ma hai ottenuto quello che volevi? Sei stato efficace? No.

Tuo figlio "la smette" perché a un certo punto l'*evacuazione dell'emozione* finisce e si innescano in lui tutta una serie di meccanismi che hanno lo scopo di salvaguardare la sua sopravvivenza (un po' come se si attivasse un naturale processo di cicatrizzazione). "Ma allora" dirai "la cosa si risolve da sola?" Non proprio. Si tratta di un meccanismo riparatorio, una sorta di effetto tampone che, in realtà, non risana completamente: la ferita resta (e in molti casi la potresti evitare), l'effetto tampone dà l'illusione che sia guarita quando invece in profondità continua a sanguinare. Per quanto tempo? A volte anche anni.

Prova a pensare un attimo a te: quanti sono (se ci sono) le ferite e i rancori che credi di aver maturato durante l'infanzia e che riemergono ancora oggi, senza che tu sappia porvi rimedio?

Tuo figlio torna, si sottomette in nome della necessità, ma ha soffocato inesorabilmente il suo sentimento. Ha perso la grande occasione di vedere da te come si accoglie uno stato d'animo, come si risolve un problema, come si trovano le soluzioni (quante volte anche da adulti diciamo: "Non so come fare...").

Di certo è stata una buona lezione su come occultare i sentimenti, su come si manda giù il boccone e... su quanto la vita sia ingiusta e gli adulti siano poco empatici.

Evita (come molti invece suggeriscono) di esprimere apertamente le tue emozioni: "Sono davvero furioso", "Mi hai proprio fatto arrabbiare", "Sento che mi manchi di rispetto quando fai così", "Sono stanco, non so più cosa fare con te!" ecc., anche se parli in modo calmo e sorridente. Perché? Perché in questo modo corri due rischi:

– *Tuo figlio si sente colpevolizzato* e responsabile del tuo stato d'animo. Durante la fase egocentrica si sente al centro di tutto: non si considera solo il proprietario di ciò che ha intorno (servizi e benefici compresi), ma anche il fautore di ciò che accade. Anche se la responsabilità delle emozioni che provi davanti ai suoi capricci è soltanto tua, lui non lo capisce, si sente responsabile. Colpevolizzarlo inutilmente indebolisce la sua autostima, lo ferisce e crea confusione in lui, perché non coincide con l'idea di ciò che dovresti fare per metterlo a suo agio.

– *Percepisce la tua debolezza* e se ne sente in balia. In lui si attiva la paura di non essere accolto, che tu non riesca a risolvere la sua difficoltà, e questo crea un divario fra voi, logorando la fiducia e la stima che ha nei tuoi confronti. Giorno dopo giorno questo divario può intensificarsi fino a diventare un problema evidente negli anni successivi, quando tuo figlio inizierà ad andare a scuola e a diventare un ragazzo e poi un adulto. A quel punto sarà troppo tardi: inizierà a mancarti di rispetto, smetterà di prendere in considerazione i tuoi suggerimenti, farà di tutto per non somigliarti o per ferirti.

Questo non significa che devi soffocare le tue emozioni. Anzi, è di grande beneficio per entrambi che tu ti conceda di osservarle e di accoglierle, di essere arrabbiato, infastidito, infuriato, inadeguato, preoccupato perché non sai cosa fare ecc. Ascolta i tuoi sentimenti. Dopo averli individuati, sforzati di non giudicarti e accoglili, come farebbe la più amorevole delle mamme. Puoi dire a te stesso: "Sono infuriato!", "Gli darei una sberla!", "Ho voglia di urlare!", "Non ce la faccio più!", "Non lo sopporto!". Poi, come se dentro di te ci fosse una mamma pronta ad accoglierti: "Va tutto bene, hai ragione a sentirti così", "Non c'è nessun problema, hai fatto una cosa importante per te in questo momento", "Tira un bel respiro e poi un altro. So che ce la puoi fare, adesso hai tutto quello che ti serve per accogliere anche lui".

Provare per credere. Possiamo garantirti che già solo accogliendo le tue emozioni senza giudizio ti sentirai meglio:

la tensione diminuirà e il nervosismo calerà fino a scomparire, facendoti recuperare la lucidità necessaria per accogliere allo stesso modo anche tuo figlio.

Sforzati di essere neutrale: accogli le tue emozioni e poi lasciale andare, in modo da riuscire a rimanere distaccato, privo di preconcetti, presente a te stesso quando sei con lui. Questo non significa essere freddi. Sei freddo quando non dai importanza a ciò che sta accadendo, quando non ti mostri disponibile né empatico. Se sei neutrale invece trasmetti a tuo figlio la tua sincerità di intenti, senza lasciarla viziare dal tuo stato emotivo o alterare da impulsi che prendono il sopravvento.

Cerca di non prendertela, anche se in un momento di rabbia ti dice cose cattive o inveisce nei tuoi confronti. Quante volte noi adulti diciamo impulsivamente cattiverie che non pensiamo davvero?

Per tuo figlio il meccanismo è ancora più sottile. Lui non pensa, vive, e dire cose cattive (come ha visto fare a qualche adulto o in TV) è semplicemente un modo di sfogare al meglio tutta la sua rabbia, la sua angoscia o la sua frustrazione. Non ti identificare, lascia che accada. Se lui è arrabbiato con te puoi dirgli, per esempio (con un sorriso dolce come il miele): "Mannaggia, cosa ti combina questa mamma cattiva... Viene sempre a prenderti troppo presto, eh!". Se inizi a identificarti, se ti arrabbi, perdi la tua sicurezza e le tue debolezze fanno vacillare ancora di più l'emotività di tuo figlio, peggiorando la situazione. Se ti identifichi, stai togliendo l'attenzione a tuo figlio e la stai proiettando su di te. Come dicevamo poco fa, è bene che tu accolga il tuo stato d'animo ma non puoi permetterti di identificarti troppo a lungo con i tuoi problemi.

In fondo l'adulto sei tu...

E poi, siamo davvero così fragili da prendercela e vacillare davanti alle reazioni e ai meccanismi difensivi di un bambino?

L'ultima frase che hai letto può suonare un po' come una provocazione. È vero che sei l'adulto forte e invincibile, ma dentro di te si nasconde pur sempre un bambino interiore dotato di sentimenti. È naturale, quindi, che anche tu possa sentirti ferito. Se però vuoi essere efficace con tuo figlio, è opportuno che prima o poi cerchi di sanare le tue ferite, in modo da non riviverle in ciò che accade nel presente. Ecco il segreto. Vogliamo svelarti una possibile soluzione per evitare di "infiammarti" davanti alle parole di tuo figlio. Per esempio: "Va bene tutto, ma quando mi dà dello stupido proprio non lo accetto". Quando ti accorgi che il nodo della questione è proprio questo (sentirti dare dello stupido), non giudicarti, ascoltati e poi domandati: "Perché mi dà tanto fastidio sentirmi dire così? Forse ogni tanto lo faccio anch'io invece di accogliermi? Forse mi sento stupido in molte o in alcune delle cose che faccio? Forse qualcuno di importante per me nell'infanzia mi ripeteva che ero stupido o mi faceva sentire tale e ho sofferto tanto per questo?". Cerca con calma la risposta dentro di te. Una volta che l'hai individuata, continua ad accoglierti e poi (seconda parte del segreto ninja) fai di tutto per sciogliere quel nodo. Per attenerci all'esempio che ti abbiamo appena esposto, ecco che cosa puoi fare tutti i giorni:

- Osservati, ascoltati e quando vedi che ti stai dando dello stupido di': "Ok, mi sono dato dello stupido. Non è vero. Sono una persona intelligente e piena di capacità" (puoi elencare le cose che sai fare bene, anche se all'inizio ti sembrano poche o non ci credi abbastanza).
- Fai un elenco di tutte le situazioni in cui ti senti stupido, poi domandati quali comportamenti e quali atteggiamenti potrebbero impedirti di sentirti così e inizia a praticarli.
- Accogli il tuo sentimento e concediti di essere arrabbiatissimo con chi ti ha fatto sentire stupido da bambino. Evita di giustificarlo (anche solo per una volta e anche se oggi,

con gli occhi di un adulto, riesci a capirlo). Infine, fai per te stesso quello che credi ti sia mancato nell'infanzia: divertiti, gratificati sempre, quando fai bene e quando fai meno bene, amati anche quando sbagli.

Ricordati sempre che il vero obiettivo non è che lui ti ascolti, faccia il bravo o non ti crei problemi in modo che la giornata fili liscia. Il vero obiettivo è far crescere un adulto maturo, equilibrato, sincero, amorevole, capace di risolvere i propri problemi, di ascoltare ciò che prova e di risanare le proprie ferite emotive (un buon lavoro, una relazione di coppia appagante e la realizzazione dei propri sogni vengono di conseguenza...).

Te lo ripetiamo ancora: tuo figlio impara per imitazione. È impossibile che tu ottenga tutto questo se non gli dai l'esempio, se si abitua a mentire per paura delle punizioni, se non è capace di dare un nome a ciò che prova.

Dalle tue parole e dal tuo atteggiamento, deve avere la *certezza* che stai dalla sua parte, che lo ami in ogni circostanza, qualunque cosa accada. E che lui non è a volte bravo e a volte cattivo: è semplicemente se stesso e tu lo ami incondizionatamente.

3. *Sentimenti (suoi)*

Allo stesso modo, è importante che lui riesca a esternare quello che sente e a percepire la tua neutralità, la tua empatia e la tua totale disponibilità.

Ecco cosa puoi fare per aiutarlo:

- *Evita di arrabbiarti* subito e di cedere al preconcetto che lui sia colpevole di qualcosa.
- *Chiedigli sempre cosa è successo* o, se sta facendo un capriccio, perché è così contrariato (per lui deve essere chiaro che non vuoi scoprire chi ha infilato il dito nella marmellata, ma solo sapere se ne aveva voglia, perché tal in caso potresti aiutarlo a procurarsela).

- Se ha difficoltà a verbalizzare quello che prova (accade spesso soprattutto all'inizio, quando non è abituato), *aiutalo a dare un nome ai suoi sentimenti e alle sue emozioni*: "Che cosa è successo?", "Come ti senti?", "Sei tanto arrabbiato/annoiato/stanco?", "Lo so, ti capisco". Oppure: "Dimmi amore, qual è il problema? Sono qui apposta per aiutarti".
- Se non vuole saperne di esprimersi e si ostina a fare i capricci con quel tono lagnoso che infastidisce tanto noi adulti puoi dirgli: "Mi dispiace che tu sia così nervoso, io sono qui per aiutarti, ma se non so cosa ti succede come faccio?", "Sfogati pure, io sto qui e aspetto, intanto provo a indovinare che cosa ti è successo!".
- Se la sensazione di rabbia o di disagio è così forte da spingerlo ad accanirsi sugli oggetti o su se stesso, puoi avvicinarti (senza perdere la calma e il controllo della situazione) e *contenerlo dicendogli che lo capisci* ma che non sei disposta ad accettare che lui si faccia male. Se volete potete uscire a scalciare contro il vento o contro un albero (chiedendo prima il permesso all'albero), o scegliere qualcosa da gettare con violenza per terra senza che si rompa, per esempio gli oggetti in plastica: "Se sei arrabbiato e vuoi scaricare la tensione tiralo pure; anzi, te ne do anche un altro da lanciare...".

Descrivigli come si sente, se non è in grado di dirtelo lui. Se è troppo piccolo o non ha imparato (per imitazione) a esternare e a descrivere il suo stato d'animo, può capitare che sia tu a doverlo fare al suo posto. In questi casi è necessario che tu gli descriva ad alta voce, sempre con la massima comprensione, che cosa prova e che cosa gli è successo, qual è la causa.

Forse stai pensando: "Ma come faccio a saperlo? È proprio questo il mio problema: non sempre riesco a capire cos'ha!". In realtà non è così. Se non lo capisci è perché sei più proiettato sulla soluzione che su di lui (se è così, in effetti, come puoi capire cosa prova?).

Fai qualche respiro profondo, guardalo negli occhi, concentrati su tuo figlio. Se ci pensi bene, se sei abituato a osservarlo, puoi sempre intuire i motivi del suo disagio. Forse lo hai rimproverato la sera prima o un minuto prima, forse ha litigato con un amichetto, forse ha dormito male, forse ha avuto paura per qualcosa, forse si stava annoiando, forse è nervoso per le tensioni che avverte in casa, forse vuole stare con te, forse si è sentito prevaricato dal fratello o dalla sorella ecc.

Una volta individuato il problema, esprimilo con sicurezza al posto suo: "Lo so, sei arrabbiato perché ieri sera papà non ha giocato con te. Hai ragione... A volte i grandi hanno troppi impegni, non riescono a fare tutto quello che vorrebbero e così fanno arrabbiare i bambini. Mannaggia questo papà che non ha capito quanto era importante per te stare con lui! Cosa vorresti fargli?" (va bene qualsiasi cosa dica, anche se non troppo educata).

Infine trova un espediente che lo aiuti a sentirsi meglio. Intorno ai 6-7 anni, puoi iniziare a coinvolgerlo dicendogli: "Troviamo insieme una soluzione" e ascoltando quello che ti propone.

4. *Sensibilità*

Dimostragli che sai quanto sia difficile sentirsi come si sente: è fondamentale e fa una grande differenza. Anche se lo abbiamo già accennato, te lo vogliamo ribadire: *la tua empatia è di vitale importanza.*

Mettiti nei suoi panni, ascolta con il cuore ciò che sta provando e dimostragli che lo capisci, che sei dalla sua parte (sia con il tuo sguardo e il tuo atteggiamento sia a parole). Anche se a te può sembrare una faccenda banale, evita di ridicolizzarlo o di sminuire l'evento.

5. *Supporto*

Dagli fiducia. Rassicuralo sul fatto che sei pronto ad aiutarlo e a risolvere il suo problema. Per lui è un doppio messaggio utilissimo: per prima cosa, gli dai un'importante lezione di vita mostrandogli come si affrontano le difficoltà (e lui può imparare da te imitandoti). In secondo luogo gli stai dando grande fiducia, e lui lo sente: credi nelle sue capacità di superare il momento difficile, altrimenti non gli proporresti nemmeno di risolverlo. Il fatto che tu lo aiuti non lo sminuisce né lo indebolisce, anzi: lui ha bisogno del tuo esempio quando ti mostra di non riuscire a cavarsela da solo (ogni cosa alla sua età).

Una precisazione utile: aiutarlo a sciogliere un nodo emotivo, uno stato d'animo che lo addolora, un evento che non sa superare da solo non vuol dire sostituirti a lui in tutto con l'idea di preservarlo dai "pericoli del mondo". Ci sono genitori (e a noi fanno venire i capelli dritti) che, quando il figlio impara a camminare, non vogliono che vada troppo in giro per paura che si faccia male. Genitori che, quando il figlio cade, gli impediscono di imparare a rialzarsi da solo (non ha ancora posato il sedere a terra e loro sono già corsi a rimetterlo in piedi). Genitori che non accettano di veder soffrire il figlio e quindi nemmeno di vederlo piangere, anche se ne avrebbe bisogno (il pianto è un'ottima valvola di sfogo).

Supportarlo significa anche evitare frasi tipo: "Guarda come hai ridotto la maglietta!" (se la maglietta è sporca ci sarà un motivo: forse ha giocato fuori – come fa a non sporcarsi se gioca fuori –, forse ha 6 mesi e sta mangiando sul seggiolone – come fa a 6 mesi a non sporcarsi?). Fai il possibile per ridimensionare le tue aspettative e per farle combaciare con la realtà. In questo caso non ci sono suggerimenti particolari: semplicemente, evita di giudicare quello che fa con etichette o frasi inutili.

Sforzati di non giudicarlo. Sarebbe bellissimo se un domani, nel mondo del futuro, i bambini venissero finalmente compresi. Sarebbe bellissimo se gli adulti li rispettassero davvero, se capissero la motivazione per cui agiscono senza colpevolizzarli, senza giudicare né loro né quello che fanno. In quel mondo crescerebbero finalmente degli adulti maturi, consapevoli, sicuri di sé. È svilente sentirsi accusati e umiliati ogni giorno per qualsiasi cosa (dalla più grande alla più piccola). A te non capita lo stesso?

6. *Sì*

Evita di dirgli: "Non correre", "Non saltare", "Non rompere", "Non mangiarlo", "Non urlare", "Non muoverti", "Non parlare", "Aspetta". L'impulso ad agire in un determinato modo è sempre più forte.

LA NEGAZIONE E LA PRIVAZIONE LO ISTIGANO
A FARE LE COSE DI NASCOSTO E LO METTONO
IN UNO STATO DI TENSIONE CHE CERCHERÀ
DI SFOGARE APPENA POTRÀ, ALZANDO LA VOCE,
SFUGGENDO ALLA TUA PRESA
QUANDO SIETE PER STRADA, INTERROMPENDOTI
SE PARLI, CERCANDO DI RICHIAMARE
ANCORA DI PIÙ LA TUA ATTENZIONE.

E allora cosa puoi fare?

Cerca di valutare lucidamente e senza pregiudizi se in quel momento tuo figlio non può davvero fare quello che fa (per esempio, correre) o se glielo dici solo per partito preso, perché ti disturba, perché hai paura che gli succeda qualcosa o non sai gestire la situazione. In tutti questi casi, in realtà, può correre.

Se proprio devi dirgli di no, accogli prima il suo bisogno e poi utilizza la "danza del sì".

LA DANZA DEL SÌ

(ovvero come gestire la frustrazione di non poter fare una cosa subito)

La danza del sì è un'ottima soluzione che puoi usare quando devi dirgli di no. Dopo esserti accertato che il no sia giustificato e davvero inevitabile, sono due le cose che devi fare:

- Accogli lo stato d'animo e il bisogno di tuo figlio, dimostragli che lo capisci.
- Digli che potrà soddisfare il suo bisogno in un altro momento e che dovete solo trovare il momento giusto; a quel punto programmalo e mantieni la promessa.

Ti facciamo un esempio pratico. Tuo figlio arriva a casa da scuola e dice che quel pomeriggio vuole andare a giocare da Luca, il suo vicino di casa. Tu sai che non è possibile, perché alle 16 avete appuntamento dal dentista. Se pensi di fare in tempo, puoi dirgli che ci andrà quando tornerete e potrà restare fino all'ora di cena. Se invece sai che dal dentista c'è sempre da aspettare e che probabilmente rientrerete per l'ora di cena, ecco come puoi rispondergli: "Che bell'idea andare da Luca, ti diverti sempre tanto con lui! Oggi abbiamo l'appuntamento dal dentista ma domani ci puoi andare di sicuro. Telefono subito alla sua mamma per avvertirla, e siccome so che ti fa piacere le chiedo anche se puoi fermarti a cena".

In questo modo hai soddisfatto un suo bisogno, hai mostrato di comprenderlo, hai incoraggiato l'abbondanza proponendo addirittura più di quanto ti aveva chiesto e, soprattutto, non gli hai trasmesso un senso di privazione. A tuo figlio dispiacerà comunque di non poter andare oggi (che male c'è a provare dispiacere? Capita spesso nella vita di affrontare una delusione), ma con il tuo aiuto capirà anche come rimediare e rielaborare ciò che prova. Vogliamo avvisarti: all'inizio potrà capitare che nonostante le tue proposte e le tue ottime intenzioni tuo figlio insorga dicendoti: "E invece io voglio andarci adesso! Non voglio andare dal dentista! Uffa! Si fa sempre quello che vuoi tu! Io non ci vengo!" e frasi di questo genere. Che fare? Non disperarti, c'è sempre una buona soluzione. Per prima cosa, prova a mantenere la calma e a mettere in pratica gli antidoti che hai imparato finora: accogli il suo disagio, sii neutrale, non identificarti, digli che lo capisci ma che oggi proprio non è possibile, che lui ha ragione, che può continuare a dimenarsi finché non si è sfogato perché ha tutti i motivi per farlo, ma che dal dentista si va.

CHE COSA FA LA DIFFERENZA?
IL TUO STATO D'ANIMO.
SE PROVI A METTERTI NEI SUOI PANNI
SENZA PERDERE LA CALMA E IL SORRISO,
TUO FIGLIO SI SFOGA E POI FA QUELLO CHE DEVE FARE
PERCHÉ SA CHE QUANDO SARÀ POSSIBILE
SODDISFERÀ ANCHE LA SUA RICHIESTA.

Inizialmente capiterà (forse più di una volta) che tuo figlio ribatta e si arrabbi comunque. Persisti, fai come l'acqua con la pietra. Molto prima di quanto credi la danza del sì darà i suoi frutti e riuscirai a instaurare un buon dialogo con tuo figlio, a farti comprendere e far sì che si mostri sinceramente desideroso di collaborare.

I bambini sono sereni quando si sentono al sicuro. E per loro sentirsi al sicuro è anche sapere di avere due genitori che sanno scegliere quando loro sono troppo piccoli per farlo: che sono sicuri e risoluti, e sanno cosa è bene. Questo bene deve avere un senso: se mamma e papà dicono troppo spesso di no a qualsiasi iniziativa o richiesta, per partito preso, ecco che la fiducia è presto persa.

7. *Scialla!*

Siamo in grado di cambiare le nostre credenze? Possiamo smettere di pensare che le richieste di nostro figlio siano capricci? Iniziare a capire che dare incondizionatamente non è viziare, che essere fermi e risoluti non è indice di durezza o di tirannia? Ti lasciamo queste domande sperando che ti forniscano qualche spunto di riflessione. E ora, un piccolo consiglio. Scialla! Lasciarsi un po' andare fa bene a tutti! Promuovere l'abbondanza e anticipare il bisogno riduce drasticamente il numero dei capricci.

8. *Specchio*

Cerca sempre di metterti nei suoi panni. "Ma che bella maglietta inzaccherata! Hai giocato tanto, eh! Ti sei divertito? Dammi qui che la metto a lavare". È più importante una maglietta pulita o un pomeriggio in cui tuo figlio gioca e impara un'infinità di cose? È più importante un vestitino pulito o il fatto che il tuo piccolo faccia amicizia col cibo e impari a mangiare nel miglior modo possibile? È più importante che tua figlia corra, sudi e si diverta o che le treccine e le mollette restino in ordine?

Prova a guardarlo: non ti senti un po' davanti a uno specchio? Se avessi la sua età, anche tu probabilmente proveresti i suoi desideri. Anche tu vorresti passare più tempo con la tua mamma o impiegheresti dieci minuti ad allacciarti una scarpa, ad abbottonarti la camicia, a tirare su la lampo della giacca a vento prima di uscire. Anche tu ti sporcheresti giocando in cortile o familiarizzando con forchetta e cucchiaino. "*Uuhh*, com'è difficile! Hai ragione, vuoi che ti aiuti?" Se dice sì, bene, altrimenti sappi che dovrai mettere sempre in conto dieci minuti in più affinché lui possa fare da solo. Non è impossibile come sembra: ricorda, il tempo è tiranno solo con chi non lo sa gestire!

9. *Sostegno*

Tuo figlio vuole essere contenuto. Che non significa trattenuto, strattonato, forzato. Deve sapere e sentire che hai il controllo della situazione. Se prendi in mano la cosa, se contieni tuo figlio fisicamente (senza fargli male) quando piange, per lui sarà più facile sciogliersi e lasciar andare l'emozione trattenuta. Se perdi la calma, ti innervosisci, non hai il coraggio di affrontarlo (situazione molto più comune di quanto tu possa pensare: per questo molti genitori delegano ai figli le responsabilità e le scelte) o lo accusi, stai perdendo il controllo: lui non si sente sostenuto e aiutato da chi dovrebbe garantirgli sicurezza. Come possiamo pretendere che nostro figlio non dia in escandescenze se siamo noi i primi a perdere il controllo? Come possiamo chiedergli di non avere paura se temiamo noi stessi le sue reazioni?

10. *Sbizzarrisciti*

Evita di dare spiegazioni razionali. Quando non vuoi che tuo figlio faccia qualcosa, evita di cedere alla tentazione di parlargli come se fosse un adulto. Per esempio, supponiamo che lui sia particolarmente attratto dalla pentola sul fuoco. Molti genitori sarebbero spinti a metterlo in guardia dicendo: "No! Attento!", "Non toccare mai la pentola quando i fuochi sono accesi: è molto pericoloso!", "Vedi il fuoco che scalda la pentola? È bollente, se la tocchi ti bruci le dita e poi bisogna correre in ospedale a fare la puntura!". Credi che questo risolva qualcosa? Credi che a tuo figlio sia passata la curiosità per la pentola che vede sul fuoco, che non abbia voglia di verificare se scotta davvero? La risposta è no. Tutti i bambini fra gli 0 e i 7 anni imparano quasi esclusivamente dalla pratica e seguendo i loro impulsi istintivi. In questo caso, per esempio, sarebbe molto meglio dire a tuo figlio che il fuoco acceso può essere pericoloso e fargli toccare la pentola ancora tiepida mentre si sta scaldando, in modo che possa verificare effettivamente che il calore aumenta e che può bruciare. I bambini sono mammiferi: hanno un innato senso del pericolo; se li accompagni nelle loro scoperte, il loro istinto rimane vigile e impedisce che accadano disastri.

Se tuo figlio di tre anni ti chiede perché piove, sarebbe meglio evitare una lezione accademica in cui cerchi di esporre dettagliatamente i principi fisici per cui l'acqua evapora e poi diventa pioggia. Scateneresti un vero e proprio ammutinamento! Poiché tuo figlio vive nel suo mondo di fantasie, puoi sbizzarrirti e appoggiarti con ottimi risultati proprio al mondo fantastico che a lui piace tanto. Per esempio, puoi raccontargli che le signore nuvole sono state incaricate di dare da bere all'erba e ai fiorellini proprio come tu dai da bere alle piante sul balcone o a lui quando ha sete. La fantasia e la vita di tutti i giorni sono le migliori alleate.

11. *Speciale*

Tuo figlio ha bisogno di sentirsi speciale. Fallo sentire speciale. Pensa a quanto puoi avere patito tu da piccolo, quando sentivi di non avere il primo posto nel cuore di mamma o di papà. Dicevano di fare tutto per te ma tu eri lì e avevi bisogno d'altro, ti sentivi tradito e deluso dal loro comportamento. Oggi magari li capisci e li giustifichi, sai che in fondo non potevano farci nulla, ma dentro di te c'era un bambino ferito e magari c'è ancora.

Fai sentire speciale tuo figlio con le parole e con le azioni di tutti i giorni. Lui ha bisogno di questo. Noi abbiamo evitato parecchi capricci sul nascere, puntando su una relazione che mettesse i suoi bisogni al primo posto. Quindi:

- Guardalo negli occhi quando gli parli.
- Mettiti nei suoi panni.
- Allenati a dire almeno una volta sì anche quando saresti spinto a dire di no.
- Ritagliati più tempo per stare con lui (bastano dieci minuti al giorno o un'ora alla settimana, per cominciare).

- Quando sei con lui cerca di non pensare ad altro e di non avere fretta (per lui il tempo si dilaterà e mezz'ora gli sembrerà mezza giornata).
- Ascoltalo.
- Non minimizzare le cose che ti dice e che prova.
- Ricordagli spesso quanto lo ami e quanto è speciale per te.
- Gioca con lui.
- Fai molte cose insieme a lui, anche quando devi cucinare, lavare l'auto o passare l'aspirapolvere.
- Trova il modo per coinvolgerlo e per stare con lui, valorizza quello che fa.

12. *Solidità*

Sii coerente. Se fai una scelta e dopo pochi minuti ti penti, portala avanti lo stesso, senza titubare. Evita di cedere una volta che hai deciso: tuo figlio ha bisogno di vederti fermo, sicuro, determinato. Per esempio, se hai detto di no alle caramelle ma poi hai pensato che una caramella in più non era certo la fine del mondo, pazienza: non tornare sui tuoi passi. Niente caramella. La prossima volta, però, pensaci meglio prima...

capitolo 12

GLI 11 CAPRICCI PIÙ DIFFUSI (E COME PUOI RISOLVERLI)

Eccoci finalmente arrivati al cuore della questione. Stai per scoprire la risposta alle 11 domande che assillano da sempre ogni genitore. Si tratta dei capricci più diffusi, nei quali probabilmente non faticherai a riconoscerti. Li affronteremo nel dettaglio, spiegandoti come smontarli passo dopo passo.

1. Mio figlio piange: cosa posso fare?
2. Come faccio a risolvere i conflitti tra fratelli senza farmi venire la febbre?
3. Perché non spegne mai la TV quando è ora?
4. Perché non riordina le sue cose?
5. Come lo convinco a lavarsi i denti tutte le sere?
6. E se non vuole finire quello che ha nel piatto?
7. Come posso evitare che tocchi cose pericolose?
8. Riuscirò mai a fargli fare i compiti senza urla e minacce?
9. Posso sperare di farlo vestire e uscire di casa la mattina senza ricorrere ai ricatti?
10. Come evitare i soliti capricci e le richieste estenuanti al supermercato?
11. Come faccio a occuparmi di lui e di tutto il resto nel frattempo?

Potrai far tesoro dei suggerimenti che seguono insieme a quelli che hai già ricevuto nelle pagine precedenti e poi iniziare a metterli in pratica. Per facilitarti il compito, riepiloghiamo quello che hai visto finora. Il primo concetto fondamentale è che il capriccio non è mai solo un capriccio e che tuo figlio, in quei momenti, esprime un bisogno o un disagio profondo. Quindi evita di considerarlo un capriccio.

Qual è la motivazione profonda di tuo figlio? Sonda le varie possibilità. Per esempio: sta esprimendo una sua esigenza, non si è sentito capito, vuole attirare la tua attenzione perché è stato trascurato, ha bisogno di scaricare una tensione emotiva, vuole difendere il suo territorio, si è sentito violato nella sua fase egocentrica.

Ora chiediti: come mai non vuole spegnere la TV, indossare la maglietta rossa, mangiare, fare i compiti, andare al parco a giocare?

Trova la sua MOTIVAZIONE PROFONDA.

E ora un altro punto essenziale: se mantieni la calma, se non ti identifichi con la situazione, se adotti un atteggiamento zen davanti ai suoi capricci, puoi risolverli velocemente. È sufficiente restare lucidi, andare da lui e dirgli, per esempio: "Vediamo un po', che cosa succede a questo bambino? Oggi non abbiamo molta voglia di vestirci, eh... Questa maglietta non ci piace proprio!".

In questo modo riesci a sdrammatizzare un po' il suo meccanismo; lui capisce che il suo comportamento non ti infastidisce, anzi, continui a offrirgli accoglienza e comprensione: "Lo so, non vuoi proprio metterla, ma è questa la maglietta che abbiamo per oggi (fai un sorriso sincero e sereno). Mamma ha tirato fuori questa, ha deciso così...". Mantieni la calma, mostra fermezza in quello che dici, resta lì con tuo figlio, guardalo negli occhi e assecondalo nel sentimento che prova ("Amore, lo so, vuoi fare innervosire la mamma perché così sta un po' di più con te e perché ieri ti ha fatto arrabbiare. Hai ragione, ieri non siamo stati molto insieme. Ti prometto che farò più attenzione e cercherò di passare più tempo con te!").

Accogli, comprendi, ma la maglietta rossa è quella da indossare. E quindi: "Arrabbiati, sfogati pure, se ti aiuta. Io sono qui, se vuoi ti coccolo. E se quando è ora di uscire tu non sei ancora vestito, pazienza... vorrà dire che uscirai in canottiera...". Se segui i passi indicati con lo spirito che ti abbiamo suggerito, possiamo garantirti che non arriverete mai a questo punto (uscire in canottiera).

Perché ti infiammi subito e scattano la sgridata o la punizione

Che cosa può mettere a rischio questo buon esito? Il tuo nervosismo, la tua tensione interiore.

SE AVVERTE UNA REAZIONE IN TE
HAI PERSO IN PARTENZA.
I BAMBINI SONO MOLTO SENSIBILI:
PUOI NEGARE O PROVARE A FINGERE,
MA LA TUA TENSIONE
LA SENTONO COMUNQUE.

Perché hai perso in partenza?

Non solo perché lui ha colto la tua reazione, ma perché in questo modo non può *sentirsi realmente compreso*. Se ti innervosisci, non potrai mai essere neutrale. Se ti innervosisci la responsabilità è tutta tua, ma tuo figlio non lo sa. Lui guarda alla causa scatenante, si sente responsabile, pensa: "Se si arrabbia con me, come può volermi aiutare? Se sono io il motivo della sua rabbia, come può trovare delle soluzioni per me?". Per lui il messaggio è molto chiaro: "Mamma/papà non è a mia disposizione, non può essermi d'aiuto: è a disposizione delle sue emozioni!". La chiave, quindi, sta nel riuscire a mantenere la calma e a restare neutrale. Come? Per esempio, rivolgendo a te stesso la domandina magica: "Perché mi sto arrabbiando?", "Perché mi sto innervosendo?", "Perché gli tirerei una sberla?", "Perché sto per mettermi a urlare?".

Fermati un attimo (due minuti in più non fanno alcuna differenza), fatti questa domanda con calma e, con la massima sincerità, cerca dentro di te una risposta. Se ti può aiutare, segui i passaggi che ti abbiamo suggerito di seguire con tuo figlio. Trova la motivazione profonda che scatena la tua rabbia. Due scintille insieme provocano soltanto un'esplosione più forte. Se invece tu non sei scintilla ma acqua che spegne il fuoco, la scintilla di tuo figlio non può che smorzarsi e ridursi in cenere (che, come sai, è un ottimo fertilizzante). Quello che resta in tuo figlio, insomma, è un terreno fertilizzato: per terreno intendiamo i suoi sentimenti, il suo bisogno di essere capito e aiutato.

Due scintille che si accendono, invece, sono come due bambini che si fanno da specchio, due bambini che fanno i capricci. Quindi vale anche per te: "Perché mi sto innervosendo?", "Perché questo suo atteggiamento mi infastidisce tanto?", "Perché vado su tutte le furie?". Le ragioni possono essere tante. Vediamo insieme qualche esempio.

Forse ti dà fastidio non essere ascoltato, non riuscire a gestire la situazione, vedere tuo figlio che soffre, che le cose non vanno come vuoi tu, che tuo figlio ti sfida, che non ti ascolta. Forse non sai come gestire il tuo smarrimento, la tua debolezza, il tuo senso di impotenza, la tua mancanza di organizzazione che ti sorprende all'ultimo, proprio quando non hai tempo. Forse invece hai paura di sbagliare, di danneggiarlo, di non riuscire a fare la cosa giusta per lui. Sono solo alcuni esempi e l'elenco potrebbe proseguire ancora a lungo.

Una volta individuata la motivazione, evita di accusarti, di sminuirti o di alimentare quell'emozione ("Sì, sono incavolato nero!!!", "Non c'è niente che vada per il verso giusto!", "Ho una fifa blu di sbagliare!!!", "Che stupido!"). Accogliti, proprio come faresti con tuo figlio: "Sì, ho paura!", o: "È vero, faccio fatica ad ammettere che non sono in grado di risolvere la situazione, questa cosa mi fa soffrire tanto...". Fai un respiro profondo e di' a te stesso che va bene così, che essere fragili non è un peccato, che non sapere cosa fare non è un errore e che la prossima volta andrà meglio.

Il fatto di riuscire ad assumerti la responsabilità delle tue emozioni e di essere disposto ad accoglierti senza giudicarti riduce drasticamente la rabbia. Ti sentirai più lucido, più neutrale.

Ricorda: *il motivo della tua tensione è in te*, non in tuo figlio.

Sappiamo che quest'ultima affermazione potrebbe suscitare qualche resistenza da parte tua. Ma ti chiediamo di fare un piccolo sforzo: vai oltre, ruota lo specchio verso di te, guardaci dentro e non potrai che trarne beneficio.

Se osservi gli altri adulti è più facile capirlo. Non sempre, per esempio, tuo marito o tua moglie (ma anche le tue amiche, i tuoi amici, i tuoi genitori ecc.) si alterano per i tuoi stessi motivi. È normale: siete diversi, avete sensibilità differenti. Ma a volte ti sarà capitato di vederli dare in escandescenze per una sciocchezza o un motivo assurdo.

Con tuo figlio è la stessa cosa. Ora mettiti nei suoi panni e capirai che la causa della tua irritazione è da ricercare in te, non in lui o nella situazione che si è creata.

Ci auguriamo che adesso ti sia più chiaro.

E ora andiamo al passo successivo: RISOLVI LA SITUAZIONE SENZA GIUDIZIO. Come avrai capito, ssono due i passi da compiere. Vediamoli uno alla volta.

RISOLVI LA SITUAZIONE

Più tuo figlio è piccolo, più sei tu a doverlo aiutare: è inevitabilmente così all'inizio (quando lui è neonato l'azione è interamente sulle tue spalle), e lo è sempre meno dai 7 anni in poi, quando anche lui inizia a collaborare e a prendere l'iniziativa. Evita che tuo figlio risolva da solo i motivi del suo capriccio: se non ti vede arrivare a una soluzione non potrà imitarti, imparare come si fa e replicare quel comportamento quando sarà più grande. Del resto, se fosse stato in grado di gestire la sua emotività o la situazione in sé, lo avrebbe fatto tranquillamente, senza bisogno di piangere, di opporsi o di entrare in conflitto con te.

Giudicare tuo figlio significa pensare che sia nel torto, che sia un peso, che abbia sbagliato, che voglia provocarti, che sia uno stupido, che non capisca, che sia esagerato ecc. Se gli appiccichi addosso queste etichette (anche solo pensarle è sufficiente), non stai aiutando né lui né te. Tu ti innervosisci ancora di più, e lui è costretto a mettersi sulla difensiva radicalizzando il suo stato d'animo e il suo comportamento. Per lui è difficile prestare ascolto a chi lo sta giudicando perché percepisce la sua doppia morale, il suo messaggio contraddittorio ("Cerco di calmarti ma penso male di te in questo momento").

Considera tuo figlio come se non fosse tuo ma come un bambino che ti viene affidato da altri

Vogliamo aggiungere una riflessione. Se ci badi, la reazione spropositata davanti ai capricci avviene soprattutto nei confronti di tuo figlio e non con altri bambini. Prova a pensarci. Per esempio, un amico viene da te per un caffè e ti chiede: "Per favore, mi tieni la bambina un'oretta? Devo fare due compere e poi torno a prenderla". Tu ovviamente rispondi di sì. La bambina si rivela subito particolarmente scalmanata: tocca tutto, chiede perché in continuazione, ti chiede qualcosa da mangiare ma poi lo lascia lì ecc. Il suo comportamento ti sembra poco educato, lei ti sembra terribile, ma cosa fai? *Difficilmente reagisci come reagiresti con tuo figlio.* Cerchi di mantenere la calma, le dici che non importa, la segui e stai con lei perché tocchi le cose senza farsi male o senza romperle... Insomma, hai molta più pazienza, sei più comprensivo. Capire perché accade questo è interessante. Perché con tuo figlio non hai lo stesso atteggiamento? Perché con lui ti infiammi subito e scattano la sgridata o la punizione? Potrai rispondere che con lui sei più in confidenza, che ormai lo conosci, sai smascherare le sue strategie e non ci caschi, che è tuo figlio e te lo puoi permettere.

Innanzitutto riteniamo che avesse ragione Kahlil Gibran quando scriveva: "I figli non sono i vostri figli". Tu sei il tramite che gli ha permesso di venire al mondo, lo strumento con cui può sviluppare le sue competenze e diventare adulto, ma non è "tuo".

Non puoi prenderti la licenza di trattarlo male o di mancargli di rispetto, perché lui non è figlio "tuo", ma della vita stessa. Non possiamo permetterci di ripetere gli errori degli adulti che ci hanno preceduti.

La verità è che i figli dei tuoi amici non ti fanno lo stesso effetto perché non sono tuoi. Semplice. Perché? Perché con i nostri figli a volte abbiamo il brutto vizio di *identificarci* e ci facciamo del male con le nostre stesse mani, oltre che farne a loro.

È probabile che sentiamo un *eccessivo carico di responsabilità*, che spesso vediamo in loro aspetti di noi che non ci piacciono, che inconsciamente ce l'abbiamo con loro perché da quando sono arrivati non abbiamo più tempo per noi, perché a volte crediamo di doverci annullare per loro e lo facciamo, perché i nostri cari sembrano essersi dimenticati di noi (vogliono sapere dei bambini e non ci chiedono come stiamo, fanno i regali a loro e non a noi ecc.).

Può sembrarti esagerato, forse fuori luogo, ma spesso suggeriamo ai genitori di considerare i figli come se non fossero loro ma bambini affidati da altri (dalla vita stessa, da Dio, da Allah, da Buddha, dall'energia cosmica, da mago Merlino, dalla Fata turchina o da chi preferiscono, la sostanza non cambia), e questo con il tempo migliora parecchio le cose.

Puoi avere la stessa cura, le stesse attenzioni, lo stesso amore, anche senza identificarti troppo.

E ora, dopo queste considerazioni generali, vediamo insieme le situazioni più comuni in cui puoi trovarti e come disinnescarle senza perderci il sonno.

1. Mio figlio piange: cosa posso fare?

Eccoti di fronte alla situazione più probabile. Spesso il capriccio è accompagnato dal pianto. Molte volte, in realtà, il bambino piange per un suo bisogno naturale e questo viene confuso per un capriccio. A tal proposito vogliamo aprire una parentesi e invitarti a una riflessione:

PERCHÉ I BAMBINI NON DEVONO PIANGERE?
PERCHÉ GLI ADULTI FANNO DI TUTTO
PER FARLI SMETTERE?

Eppure sappiamo anche noi quanto il pianto possa essere liberatorio, quanto ci si senta meglio dopo essersi sfogati! Invece no: i bambini non devono piangere, devono tenere tutto dentro, devono essere sempre felici.

Per convenzione, per cultura, per credenza siamo convinti che piangere sia indice di dolore.

Non è così. La fonte di dolore è ciò che ha causato il pianto, non il pianto in sé. Se un bambino o un adulto piangono accade quanto segue (prova a immedesimarti nella situazione):

- Qualcosa li ha feriti e ha causato loro dolore.
- Gli viene il magone e hanno voglia di piangere (nel migliore dei casi).
- Iniziano a piangere e si sfogano (se se lo concedono... i bambini se lo concedono sempre).
- Grazie al pianto si liberano di un'emozione che altrimenti ristagnerebbe continuando a farli sentire a disagio (per tuo figlio è la stessa cosa).

Il pianto è sempre liberatorio (a meno che non sia quello di una vittima che vuole essere compatita. Non è il caso dei bambini: loro non fanno mai le vittime).

Di fronte a un adulto in genere cerchiamo di essere empatici, comprensivi, di consolarlo, chiediamo se possiamo essergli utili in qualcosa, cerchiamo di infondergli coraggio, diciamo che ci dispiace.

Di fronte a un bambino, a volte agiamo allo stesso modo. Ma non sempre. Nella maggior parte dei casi il pianto di un bambino ci raggela, andiamo in tilt e una delle prime reazioni automatiche è: "Ssshhh, non piangere!", "No, piccolo mio, non piangere!", "Ormai sei grande... Cosa fai, piangi come un bambino piccolo?!", "Adesso basta, asciugati le lacrime e vai a giocare", "Su, dài, cosa vuoi che sia!".

Perché accade questo? Per quattro motivi principali:

- *Non sappiamo come aiutarlo*, e se smette velocemente di piangere evitiamo di affrontare il nostro senso di inadeguatezza.
- *Se nostro figlio sta male tendiamo ad accusarci*, a sentirci in colpa e a guardare in faccia la nostra responsabilità (il che non è un problema, se accogliamo queste sensazioni e facciamo il possibile per rimediare alla causa che ha provocato in lui quello stato d'animo. Peccato che spesso restiamo invischiati nel senso di colpa e nella paura e non riusciamo a fare il passo successivo: rimediare).
- *Il pianto disturba il quadretto ideale* che a volte ci facciamo di lui e del nostro rapporto: meglio correre ai ripari cercando di soffocare il piagnisteo.
- *Il pianto di nostro figlio ci ricorda a volte i nostri pianti infantili* e le ferite affettive che spesso ci causavano i nostri amati genitori: meglio seppellire tutto sotto la sabbia facendo il possibile per farlo smettere.

Vogliamo che ti sia chiaro che tuo figlio piange per liberare un'emozione. Il pianto non è una cosa cattiva o sconveniente: è un processo naturale che si innesca per alleggerirci di un peso emotivo, per aiutarci a gestire un'emozione, qualsiasi essa sia.

Noi adulti di solito piangiamo meno perché crescendo abbiamo maturato la capacità di gestire le nostre emozioni (avviene con l'età, naturalmente e se nelle tappe precedenti non ci sono state carenze: non è una questione di "imparare a", di addestrare o di "addestrarsi a"). Tuo figlio no. Vediamo come puoi contribuire al processo naturale che si attiva in lui.

ACCOGLILO

Evita di togliere importanza al suo pianto e di allontanarti. Con calma, senza identificarti (per esempio urlando: "Oddio, cosa succede al mio bambino?", iniziando a piangere con lui, dicendogli con aria terrorizzata che non sai cosa fare ecc.), avvicinati, abbassati alla sua altezza per guardarlo negli occhi, sii empatico. Puoi dirgli: "Amore cosa è successo? Che cosa ti ha fatto stare così male?" (se è un neonato dovresti saperlo tu in base alla situazione, se è più grande te lo può comunicare a gesti o a parole – anche se il tuo istinto continua comunque a funzionare). Se invece conosci perfettamente la causa (avete discusso, è caduto, si è fatto male, gli si è rotto un giocattolo, non vuole fare quello che vuoi tu ecc.), puoi dirgli: "Lo so amore che stai tanto male...", "So che ti dispiace che si sia rotto...". È fondamentale che in quel momento lui non si senta inadeguato, colpevolizzato, privo di aiuto e protezione.

COCCOLALO

Aggiungi una buona dose di coccole e sorrisi. Puoi prenderlo in braccio o anche solo per mano, accarezzargli la schiena con la mano, continuando a cercare il suo sguardo. Le coccole lo fanno sentire compreso, accolto e sostenuto e gli danno la certezza che non sei arrabbiato. I sorrisi gli fanno capire che hai in mano la situazione, che non sei terrorizzato, deluso o impaurito come lui e quindi sei in grado di risolvere il problema.

COMPRENDILO

Anche se ti sembra che il suo pianto sia "esagerato" o "fuori luogo" (in fondo era solo un giocattolo, hai fatto bene a rimproverarlo, suo fratello gli ha dato solo uno spintone, alla fine si è solo sbucciato un ginocchio ecc.), se tuo figlio arriva a piangere significa che per lui la questione era importante e tu devi tenerne conto. Quello che ti suggeriamo (perché lo abbiamo verificato infinite volte, con grande successo per noi e i bambini) è di esordire dicendogli che ha ragione, che lo capisci, che è libero di piangere, di liberare tutto quello che ha dentro, e che tu sei lì per aiutarlo. Dai all'evento la stessa importanza che gli sta dando lui: in questo modo si sente sostenuto, si tranquillizza e può concedersi di sfogare l'emozione dando libero corso al processo naturale che si è innescato dentro di lui. Non solo: impara a gestire un momento difficile, e quando sarà più grande lo farà da solo senza bisogno del tuo intervento, proprio grazie all'esempio che gli stai dando.

PUOI CHIEDERGLI IL MOTIVO

A meno che non sia un neonato e non debba individuare tu il motivo del suo disagio, prova a chiedere a tuo figlio perché piange. Senza usare un tono accusatorio, puoi domandargli come si sente e cosa è successo: in questo modo riesci a scoprire come aiutarlo e lo abitui a esprimere i suoi sentimenti e la causa del suo disagio (molti adulti, e di conseguenza anche i loro figli, hanno grosse difficoltà a verbalizzare quello che provano e a individuare l'origine dei loro problemi).

SE NON LO SA ESPRIMERE PUOI AIUTARLO

Se tuo figlio non è ancora abituato a esprimere le sue emozioni puoi aiutarlo tu, suggerendogli il suo stato d'animo sulla base di quello che vedi: "Caspita, sei proprio arrabbiato!", "Mamma mia che paura!" (ma tu come adulto non avere paura...), "Amore, sei deluso?" ecc.

2. Come faccio a risolvere i conflitti tra fratelli senza farmi venire la febbre?

"Ogni santo giorno la stessa storia! Non si può mai stare tranquilli! Li lasci un attimo soli ed ecco che iniziano a litigare, ad azzuffarsi, a urlare e a farsi male... Le volte che vanno d'accordo sono talmente poche che bisognerebbe segnarle sul calendario! Non è possibile che ogni volta che mi allontano scoppino le guerre fratricide!"

Come fare per risolvere i loro conflitti o per evitare che si creino col tempo? Impossibile? No: con un po' di pazienza e di elasticità si può. Basta riuscire a comprendere i loro meccanismi. Te lo diciamo per esperienza, dopo tanti anni a stretto contatto (ventiquattro ore su ventiquattro) con almeno cinque o sei bambini di età differenti, ma con i bisogni tipici dei primi sette anni e dunque perennemente in lotta fra loro (almeno all'inizio...). Quando due bambini litigano e uno è tuo figlio e l'altro no, può sembrare più semplice perché, di fatto, accadono tendenzialmente due cose (o l'una o l'altra):

- Ti metti dalla parte di tuo figlio, lo accogli, lasci che l'altro bambino sia gestito dall'adulto che è con lui e la cosa finisce lì ("a ciascuno il suo...").
- Rimproveri tuo figlio e, per educazione e perbenismo, ti metti dalla parte dell'altro bambino interpretando il ruolo del genitore altruista (succede la maggior parte delle volte, anche se è la soluzione più sbagliata): tuo figlio resta mortificato, tu hai fatto bella figura con il genitore dell'altro bambino e finisce lì.

Ma quando sono entrambi figli tuoi? Con chi ti schieri? O forse devi non devi prendere le parti di nessuno? Come garantire a entrambi gli stessi diritti, la stessa comprensione, lo stesso sostegno, per di più nello stesso momento? Come togliere il gioco a uno per darlo all'altro? È un'ingiustizia! Sono entrambi figli tuoi!

Le liti tra fratelli sono un classico di quasi tutte le famiglie: sono eventi quotidiani che rubano parecchio tempo a figli e genitori, esasperano entrambe le parti, consumano energie inutilmente e peggiorano l'umore di tutti. Come riuscire a risolvere i conflitti velocemente e far sì che nel tempo non se ne creino di nuovi?

Per prima cosa vogliamo marchiare a fuoco nella tua testa tre punti fondamentali:

- *È naturale che due fratelli litighino fra loro se non hanno attorno le condizioni adeguate* per sentirsi sempre amati, accettati, "perfetti" in sé come individui e non sottoposti a costanti paragoni.
- *Non è una questione vitale dover amare per forza o dover andare d'accordo per forza con il proprio fratello.* È un peso, una responsabilità troppo grande per il bambino in fase egocentrica (e anche per quello che ha superato i primi 7 anni ma vive ancora carenze affettive importanti che gli hanno impedito di superare quella fase).
- *Più i bambini vengono trattati come figli unici, come individui a sé, più riescono a giocare, a passare del tempo e a collaborare con i fratelli.* Questo non significa che non bisogna fare il secondo, il terzo o il quarto figlio. Vuol dire che bisogna sapere a cosa si va incontro e agire di conseguenza, dando a ciascuno le dovute attenzioni. È più difficile? Sicuramente, ma non è impossibile. L'importante è metterlo in conto fin da subito, evitando di comportarsi da struzzi quando ci si accorge di non saper gestire più bambini alla volta e si finisce per delegare la responsabilità a loro ("Sono terribili", "Non mi ascoltano", "Non ci sono più i bambini di una volta", "Ma a chi assomiglia?!" ecc.).

Oltre a questi tre punti che ti suggeriamo di tenere sempre a mente e che ci auguriamo possano essere un valido spunto di riflessione, vediamo come puoi agire concretamente quando la battaglia all'ultimo sangue è già cominciata in tua assenza.

Che cosa avviene di solito in quei casi?

Inizi a sentire delle lagne, delle urla, lo schiocco di una manata sulla guancia, il rumore di giochi scagliati per terra: "*Ahi*!", "Smettila!", "Adesso chiamo la mamma!" ecc. Tu alzi gli occhi al cielo rassegnato, lasci perdere quello che stai facendo e corri da loro, sbuffi, metti i pugni sui fianchi, li guardi storto e poi chiedi cosa è successo e chi ha cominciato...

Ognuno di loro dice la sua: tu dici "poverino" a chi le ha prese e "sgridi" chi ha causato il pasticcio, gli dici che non si fa, magari lo metti in castigo o gli molli una sberla, preso dal nervosismo ritiri i giocattoli a entrambi e li separi. Fino a quando? Chi può dirlo... A volte la pace dura tutto il pomeriggio e finché vanno a letto, altre invece ti basta tornare alle tue occupazioni per essere di nuovo interrotto. E si ricomincia da capo.

Forse non tu, ma qualche lettore si sta sicuramente riconoscendo in questa sequenza.

Che fare, dunque? Il primo suggerimento potrebbe farti trasalire: potrebbe venirti la febbre, potresti sentire l'impulso di alzarti di scatto e iniziare a imprecare contro di noi, a darci dei pazzi che non si rendono conto delle assurdità che scrivono... Ma noi siamo temerari quanto basta (per scardinare i modelli educativi di oggi un po' bisogna esserlo), per cui andiamo avanti comunque (ti abbiamo avvertito...). Ti chiediamo solo di aspettare un attimo, di non giudicare subito quanto stiamo per dirti e di valutarlo obiettivamente, anche se può sembrarti controcorrente.

Per prima cosa, quando due fratelli litigano tra loro, evita di pensare che il tuo intervento possa essere superfluo, soprattutto nel momento in cui la situazione sta degenerando e il carico emotivo sta diventando per loro eccessivo (uno di loro piange, alza le mani, butta le cose per terra, urla, chiede l'aiuto di un adulto ecc.).

Ecco invece cosa dovresti fare.

Quattro passi per risolvere i conflitti tra fratelli (e uno per prevenirli)

PASSO 1: RENDITI DISPONIBILE

Intervieni, mettiti a disposizione, prendi in mano tu la situazione: se fossero davvero in grado di gestire da soli il loro territorio, le loro cose, la loro emotività e il rapporto con il fratello, non arriverebbero a tanto. Se ci arrivano è perché non hanno ancora la maturità per farlo (se sono usciti dalla fase egocentrica ma la situazione si ripete, è probabile che in passato non abbiano avuto la possibilità di vedere un adulto risolvere in modo equilibrato i conflitti e di imparare a fare altrettanto imitandolo).

PASSO 2: TROVA TU LA SOLUZIONE

Prendendo in mano la situazione è importante che sia tu a fornire la soluzione, a mostrarti risoluto, non arrabbiato, equilibrato, sicuro di quello che stai facendo. Intervieni senza ledere l'emotività di nessuno, e i tuoi figli si sentiranno finalmente rassicurati. Di solito in questi casi è bene comprendere le ragioni di entrambi (lo vedremo fra poco) e poi trovare un gioco che ciascuno possa fare da solo (finché non si calmano le acque), oppure farsi aiutare da entrambi a sistemare il campo di battaglia e trovare qualcosa da fare tutti insieme (la presenza di un adulto che media tra i loro bisogni, che dà a entrambi le giuste attenzioni, che gestisce i tempi e i modi del gioco è il primo strumento per evitare che si creino lotte di potere tra fratelli).

PASSO 3: COMPRENDI LE RAGIONI DI ENTRAMBI

Questo è il suggerimento più importante (e il più controcorrente). Quando accorri sul campo di battaglia è naturale che tu possa e voglia soccorrere quello che "le ha prese" e sta piangendo a squarciagola, che si è visto distruggere miseramente il giocattolo dal "nemico" o si è ritrovato con una ciocca di capelli in meno. È normale che ti pieghi sulle ginocchia e posi una mano sulla spalla del bambino "ferito", che lo avvicini a te, gli porga un fazzoletto e cerchi di consolarlo. Viene spontaneo ed è bene farlo. Ma c'è un'altra cosa che in genere dimentichiamo. L'altro contendente dov'è? Cosa sta vivendo? Cosa ha vissuto per sentirsi spinto a rompere il gioco del fratello? Cosa gli è successo? Di solito, accecati dal senso di ingiustizia, premiamo la vittima e rinneghiamo o puniamo l'assalitore. Ma siamo proprio certi che funzioni? E soprattutto, siamo sicuri di essere stati giusti fino in fondo?

Proviamo a fare un passo indietro. Ti ricordi quanto dicevamo a proposito della motivazione profonda? Quanta importanza abbiamo dato a questo "dettaglio"? Bene, anche nel caso delle liti tra fratelli la situazione non cambia. Se il figlio "cattivo" (ai tuoi occhi di giudice imparziale, cioè quello che ha picchiato, rotto, fatto del male, offeso) non avesse avuto un motivo valido e profondo per agire così, credi davvero che si sarebbe accanito con tanta foga contro un suo simile?

Possiamo garantirti che la risposta è no. Il bambino è un animale pacifico che reagisce solo se provocato o se non riesce a contenere le emozioni che lo stanno soffocando. Se un bambino picchia, fa un dispetto o si accanisce contro un altro bambino, lo fa per difendersi, per liberare una forte emozione (come capita anche a te quando lo punisci o alzi la voce, sebbene alla tua età dovresti aver imparato a essere più neutrale), perché si è sentito offeso o prevaricato, perché ha visto il suo territorio minacciato, perché ha avuto paura ecc.

Se vuoi davvero risolvere nel migliore dei modi il conflitto che si è innescato tra i tuoi figli, insomma, è necessario che tu compia un altro passo.

Molti lo evitano perché lo vedono come una concessione, una resa o un passo indietro. Ma ti assicuriamo che non è così (fra poco anche tu capirai perché).

PASSO 4: ACCOGLI CON AMORE LE RAGIONI DI CHI HA SCATENATO LA LITE (È LUI IL PIÙ FERITO)

Come abbiamo già detto puoi consolare la vittima, ma sentiti altrettanto obbligato a sostenere chi ha innescato la lite (cioè chi, in teoria, dovrebbe essere "sgridato o punito"). Avvicinati a lui, guardalo negli occhi e con tono amorevole digli, per esempio: "Amore, che cosa è successo? Caspita, deve proprio averti fatto arrabbiare se sei arrivato a tirargli uno schiaffone!", "Dimmi, cosa è successo? Ti capisco, forse non hai potuto evitarlo... Non preoccuparti, io sono qui per aiutarti, adesso risolviamo la situazione".

Inutile perdere tempo in filippiche. I bambini sanno già che certe cose "non si fanno": sanno che gli altri non si picchiano, che le parolacce non si dicono, che i giochi vanno rispettati. Il problema è che a loro volta non si sentono rispettati, che si sentono feriti e perdono il controllo della situazione. Capita anche a loro esattamente quello che succede a te quando perdi la pazienza, inizi a urlare, li punisci, li ricatti, ti arrabbi ecc. Che cosa fai in quei casi? Ti metti in punizione? Ti fai dare una sberla da qualcuno? Ti dici che sei un bambino o un genitore cattivo, che non lo dovevi fare? Grazie tante, lo sai bene anche tu che non si fa! Però ti è scappato, come se in quel momento non avessi potuto evitarlo. Eccoti di fronte all'esatta fotocopia di quello che sta provando tuo figlio. Anche per lui dovrebbero valere le regole che applichi a te stesso.

C'è anche un'altra cosa che non devi mai dimenticare. *I tuoi figli restano comunque figli unici*: non pretendere che giochino insieme per forza, non dare per scontato che vadano d'accordo, che siano solidali l'uno con l'altro. Non è neppure così scontato che uno sia nato per non far sentire solo l'altro. Anzi. Forse anche tu hai fratelli o sorelle e ricorderai che non sempre siete andati d'accordo: chissà quante volte, anzi, ti è venuto spontaneo considerarli come un corpo estraneo, un prolungamento dei tuoi genitori, degli intrusi o un pezzo in più (anche se oggi siete adulti e avete un bellissimo rapporto).

PASSO 5 (IL PIÙ IMPORTANTE):
RISERVA MOMENTI ESCLUSIVI A ENTRAMBI

Ecco l'altra chiave fondamentale, il modo migliore per prevenire e ridurre nel tempo le lotte tra fratelli. È importante che ciascuno di loro abbia dei *momenti esclusivi* da poter trascorrere solo con mamma, papà o con un altro adulto (nonni, tata, vicina di casa, amici ecc.). Qualche esempio pratico: mentre uno è con la mamma a cucinare, l'altro è con papà a giocare o a fare la doccia, mentre uno è a casa con la mamma, l'altro è dalla nonna (e poi si farà cambio il giorno o la settimana successiva); mentre uno è a nuoto, l'altro va al parco; mentre uno dorme l'altro gioca con il papà ecc. Più momenti esclusivi vivono, più sentono appagata la loro *fase egocentrica* (riempiendo il loro bicchiere emotivo di attenzioni e coccole che non devono spartire con il fratello o la sorella), più riusciranno a sostenere i momenti da trascorrere insieme ai fratelli (alla lunga, anzi, spesso si creano spontaneamente situazioni in cui giocano insieme felici o trovano da soli una soluzione ai piccoli conflitti).

Visto che stiamo parlando di liti tra i fratelli, ne approfittiamo per aprire una parentesi sulle situazioni in cui tuo figlio non vuole prestare i giochi agli amichetti o dice che tutto è suo. Per prima cosa vogliamo rassicurarti: tuo figlio non è un egoista. È naturale che viva la sua fase di egocentrismo e che abbia modo di esprimere ciò che sente. Anche in questo caso, ti suggeriamo di comprenderlo: rassicuralo, digli che sai che il gioco è suo, che ha ragione a essere arrabbiato se gli hanno tolto qualcosa di mano. Di solito questo gesto è sufficiente a calmarlo. Se c'è un adulto di riferimento per "l'altro contendente", delega a lui la gestione del figlio e limitati a restituire il giocattolo al legittimo proprietario. Quando si tratta di oggetti in comune, per esempio lo scivolo al parco o i giocattoli della scuola materna (che sono di tutti), ti suggeriamo di mediare con pazienza e dolcezza ma soprattutto di dare sempre uno spazio prioritario al sentimento di tuo figlio, di accoglierlo dicendogli: "Sì, hai ragione a volerlo tutto per te...".

3. Perché non spegne mai la TV quando è ora?

Se anche tu sei un comune mortale, dopo aver letto questa domanda la tua salivazione è sicuramente aumentata: gli occhi si sono fatti più attenti, le tue dita stanno stringendo ancora più avidamente il libro che hai fra le mani. Perché anche tu, come tutti i comuni mortali, non sai proprio come convincerlo a spegnere quel maledetto aggeggio... Perché tu riesci a controllarti, a dominare il desiderio di restare incollato allo schermo, a trovare la forza di alzare le chiappe dal divano e premere il pulsante rosso, e tuo figlio invece no? Del resto basta così poco! Perché ogni volta bisogna discutere, arrivare a minacciare, a ricattare, a punire, a usare le maniere forti?

Hai ragione! Per te è davvero logorante ripetere il solito tira e molla con un esserino che sembra non ascoltarti e prendersi gioco di te, che ti guarda con aria aria di sufficienza o di sfida e ti esaspera... E anche se ti piazzi davanti alla TV con gli occhi fuori dalle orbite e provi a incrociare il suo sguardo con aria minacciosa, lui che fa? Si sposta di qualche centimetro e ti dice: "Non vedo...". A quel punto sei davvero accecato dalla rabbia e dalla frustrazione, vorresti solo lanciare tuo figlio dalla finestra insieme al televisore e, in preda all'esasperazione, non vedi altre soluzioni. In quel momento non riesci proprio a metterti in discussione, a domandarti se quello che stai facendo è la cosa più giusta o più efficace.

Ti è impossibile prendere in considerazione il fatto che il suo no e la sua indifferenza dipendono da te.

Alla prossima occasione, una volta sbollita la rabbia, riprendi in mano queste pagine e rifletti sui suggerimenti che stai per leggere. Prova a metterli in pratica e inizia a godere anche tu dei loro benefici (smettendo di urlare e di lasciarti invischiare in tira e molla esasperanti, come hanno già fatto con successo molte mamme e papà prima di te quando hanno scoperto la soluzione).

CHIEDITI PERCHÉ VUOLE GUARDARE COSÌ TANTO LA TV E NON LA VUOLE SPEGNERE.

Anche in questo caso, come primissimo passo, è essenziale che tu individui la sua motivazione profonda. Ti proponiamo qualche esempio concreto, che abbiamo visto manifestarsi in molte situazioni. Proprio come quando deve finire quello che ha nel piatto o indossare una maglietta piuttosto che un'altra, anche la televisione diventa un modo per scatenare il conflitto, per scaricare delle tensioni generate da *un disappunto precedente* che non ha nulla a che vedere con la TV in sé.

Forse quando insiste a non volerla spegnere vuole semplicemente attirare la tua attenzione, creare un conflitto per stare a contatto con te, ti sta provocando per farti capire che si è sentito tradito o offeso da un tuo comportamento. A volte, però, avendo poco tempo per stare con loro, pretendiamo che diventino autonomi troppo precocemente, vogliamo che giochino da soli... In quei casi la televisione diventa un ottimo sostituto di mamma e papà: un sostituto particolarmente attraente, invitante, colorato, che si muove, parla, spesso "ipnotizza", calma o eccita e che riesce a ritagliarsi velocemente un posto in mezzo alla noia e al piattume in cui a volte il bambino vive, se non ha la possibilità di interagire in modo giocoso, spontaneo e divertente con l'adulto.

È UNO DEI GRANDI MALI DI OGGI: GLI ADULTI NON HANNO MAI GIOCATO O HANNO SMESSO DI FARLO... E I BAMBINI ANCHE!

A causa degli esempi che vivono, delle abitudini familiari, dell'educazione che ricevono e del rapporto che instaurano con gli adulti e con l'ambiente, i bambini non sanno più giocare, né in compagnia né da soli: la loro fantasia e il loro spirito di avventura sono praticamente atrofizzati. Quando questi aspetti sono vivi e ben funzionanti, spesso vengono etichettati come iperattivi, troppo svegli, irriverenti, troppo agitati, scalmanati, ingestibili ecc. In quei casi funzionano come una pentola a pressione: all'inizio esplodono in eccessi di "iperattività", poi, finito il vapore, si adeguano a quel lento processo di spegnimento inesorabile che vedono negli adulti, sprofondando nell'apatia e nella depressione per ritrovarsi, da adolescenti, incompresi, abbattuti, malinconici, in crisi, bisognosi di stimoli che li facciano sentire vivi (alcol, fumo, droghe, corse in auto, musica spaccatimpani, videogiochi alienanti).

Se il rapporto con gli adulti si riduce a una misera serie di: "Stai seduto", "Alzati", "Fai così, fai cosà", "Mangia", "Basta mangiare", "Alzati, è tardi", "È tardi, vai a dormire" (è sempre tardi per chi non sa vivere il presente...), "Adesso no, dopo", "Smettila", "Hai preparato la cartella?", "Hai finito i compiti?", "Hai riordinato i giochi?", "Hai detto grazie alla nonna?", "Saluta", "Chiedi per piacere" ecc., propinati come un disco rotto, come un elenco ripetuto da robot senz'anima, è naturale che il rapporto con quella scatola colorata chiamata TV diventi di colpo molto più intrigante e appassionante. "Se il mio rapporto con l'adulto è fatto quasi esclusivamente di doveri, preferisco tuffarmi nelle sensazioni e nelle avventure che mi regalano i cartoni animati, i film, le pubblicità." A volte tuo figlio fatica ad allontanarsi da questo strumento proprio perché l'alternativa che ha è di gran lunga peggiore.

SPESSO, CON LA TELEVISIONE,
CERCA DI APPAGARE UN BISOGNO
AFFETTIVO CHE L'ADULTO,
PER MANCANZA DI TEMPO E ATTENZIONI,
NON RIESCE O NON SA COME COLMARE.

Non è affatto da escludere che la ragione possa essere questa: che mamma e papà non pensino, semplicemente per distrazione, a mettere il figlio al primo posto e a organizzare meglio il tempo a disposizione (nei casi che abbiamo visto, nove volte su dieci non si trattava di mancanza di tempo ma di incapacità a gestirlo). Comprendere la motivazione, dal nostro punto di vista, è fondamentale., ma sappiamo che all'inizio può non essere così semplice. Sia che tu la veda sia che non la veda, sforzati comunque di seguire i passaggi che stai per leggere.

Come agire sulla causa
e porre fine alle lotte per spegnere la TV

Ecco, dalla nostra esperienza e da quella di molti genitori, i quattro passaggi fondamentali:

- Anticipa il bisogno e trasmettigli un senso di abbondanza.
- Fai il possibile per colmare il suo vuoto affettivo.
- Crea più momenti di gioco e condivisione.
- Abbi pazienza e non demordere.

ANTICIPA IL BISOGNO E TRASMETTIGLI UN SENSO DI ABBONDANZA

L'anticipo del bisogno garantisce ottimi risultati. Non solo per la situazione da risolvere, ma anche (e soprattutto) per l'affettività del bambino. Anche nel caso della TV, finché non riesci a individuare e a risolvere all'origine la motivazione profonda (spesso occorre tempo per farlo), è assolutamente inutile che vieti a tuo figlio di vederla. Anzi: l'anticipo del bisogno può diventare per te un ottimo alleato.

Per esempio, quando rientra da scuola, prima dei compiti, potresti essere tu a dirgli (sempre secondo le regole e i limiti del buon senso): "Puoi accendere un po' la TV, così ti rilassi e poi inizi a fare i compiti", oppure: "Fra poco si cena, prima guarda pure un po' di TV", o: "Amore, è l'ora del tuo cartone preferito, vado ad accenderti la TV". Se hai il dubbio che il tuo messaggio possa essere contraddittorio (non vuoi che ne guardi troppa perché pensi faccia male ma allo stesso tempo gliela proponi), ti sbagli. Un conto è se in casa tua la TV non esiste, se mamma e papà per principio non la guardano. Ma se anche tu ogni tanto ami rilassarti davanti a un bel film, se la accendi perché ti fa compagnia e a volte vorresti non avere tanto da stirare per non interrompere il tuo programma preferito, è evidente che lanci un messaggio contraddittorio vietandogliela. Puoi utilizzare l'anticipo del bisogno anche e soprattutto quando sarebbe ora di spegnere.

Per esempio:

Tuo figlio sta guardando la TV *da mezz'ora, tra dieci minuti è pronta la cena e tu vuoi che spenga. Che fare?*

Dopo venti minuti che ha iniziato a guardarla vai da lui e digli, per esempio: "Tutto bene? Mamma mia, che spada ha quel tizio! Che bel vestito che ha quella principessa!". Sorridi, fagli una carezza e digli che può guardarla ancora un po'. Dopo dieci minuti torna, commenta con lui il cartone che sta guardando e poi digli: "Fra un po' si cena: vai avanti finché non torno, poi spegniamo".Quando torni da lui, con tono fermo ma accogliente e sorridente puoi dire che la cena per il guerriero o la principessa è pronta, che i manicaretti stanno aspettando e quindi si spegne. Possibili conseguenze:

a) *Spegne la* TV*! Evviva!*
   Tuo figlio spegne e viene con te (questo accade se ci credi tu per primo, se non hai fretta o aspettative particolari, se stai già colmando in altro modo il suo vuoto affettivo). Perfetto.

b) *Vuole finire il cartone...*
   Tuo figlio ti chiede di aspettare che finisca il cartone. Che male c'è? I cartoni animati in TV durano circa una ventina di minuti: se gliene mancano cinque per finire la puntata che cosa sarà mai? In questo caso puoi concederglielo senza troppe remore (o paura di viziarlo).

c) *Non vuole spegnere la TV!* ☹
Tuo figlio ti dice che non ha nessuna voglia di spegnere. A questo punto puoi soffermarti innanzitutto sul modo in cui hai avanzato la richiesta. A volte si tratta solo di sorridere un po' di più, di essere più dolci, di non innescare un atteggiamento manipolatorio (se capisce che il tuo obiettivo non è il suo bene ma il fatto che spenga la TV, è naturale che ti sfidi. Se invece sente che sei sincero e ti fa piacere che possa vedere i suoi cartoni preferiti, ecco che diventa molto più collaborativo). Se glielo hai chiesto come "da manuale", è probabile che tu non sia stato abbastanza convincente. A volte, per superare l'attrattiva della TV, dobbiamo ricorrere a dosi extra di inventiva, perché in genere abbandona quello che sta facendo solo per qualcosa di altrettanto interessante (ha davvero fame e sente arrivare dalla cucina un buon profumino, oppure si sente coinvolto in un'attività divertente, per esempio fare uno scherzo a papà mentre esce dal bagno, un nuovo modo di piegare il tovagliolo, l'attrattiva di trasformarsi in cuoco per un giorno ecc.).

d) *Si oppone alla tua sacra autorità di educatore/genitore... Aaaaah!*
Se le hai già provate tutte e tuo figlio continua a opporsi (all'inizio può succedere), ecco come puoi rispondere: "Mannaggia, amore, lo so che non vuoi spegnere! Ti capisco, lo so che ti piace tanto guardare i cartoni. Solo che adesso bisogna proprio spegnere" (sorridi e non irritarti). Poi, con fermezza, assolutamente convinto di quello che stai facendo, prendi il telecomando e spegni. Se tuo figlio inizia a piangere e a urlare, ripetigli (con la massima empatia, provando a metterti seriamente nei suoi panni): "Lo so che sei furibondo, ti capisco! Io sono qui, se vuoi ti coccolo. Mi dispiace vederti così arrabbiato... Non vuoi cenare? Hai ragione, ti capisco!". Se tuo figlio si sente compreso fino in fondo, capitola e si avvia con te verso la cucina.

FAI IL POSSIBILE PER COLMARE IL SUO VUOTO AFFETTIVO

Anche il risultato che hai appena ottenuto, però, dura poco se non ti impegni a colmare progressivamente e con costanza il vuoto che tuo figlio compensa con la TV. Se non lo fai, lui sentirà sempre il bisogno di intrattenersi con qualcosa di allettante. Sforzati di ottimizzare la quantità e la qualità del tempo che passi con lui, metti in pratica i suggerimenti che ti abbiamo dato per riuscire a essere più accogliente ma anche più fermo quando serve, senza ledere le sue aspettative e senza ferirlo. *Evita di punirlo, ricattarlo, manipolarlo, sottoporlo a paragoni.*

Lodalo e amalo sempre, anche quando secondo te sta sbagliando. Se è già in età scolare, fai in modo che i voti non abbiano alcun peso, né per lui né per te, aiutalo, trasmettigli sempre un senso di abbondanza (soprattutto rispetto alla tua presenza e al tuo amore). Prendilo in braccio, coccolalo, sbaciucchialo, divertiti con lui (forse anche tu devi imparare da zero a divertirti, a non prendere la vita troppo sul serio), contienilo e sii fermo, rigoroso e coerente con i tuoi principi (perché quando c'è bisogno di serietà non si può scherzare). A questo proposito vogliamo chiudere con una riflessione: a nessun genitore piace che il figlio dica parolacce o esageri, ma quanti sono quelli che non ridono vedendolo scimmiottare gli atteggiamenti idioti di certi personaggi televisivi o i pietosi modi da spaccone dei nostri calciatori quando gli capita di vincere a un gioco o di segnare un gol in porta?

CREA PIÙ MOMENTI DI GIOCO E CONDIVISIONE

Solo proponendo delle alternative efficaci e risolvendo a monte il vuoto affettivo è possibile ridurre con naturalezza e spontaneità l'attaccamento verso la televisione. È basilare aumentare i *momenti di qualità* che trascorri con lui giocando, divertendoti, facendo i compiti, cucinando, perfino sbrigando le faccende domestiche. Lui non vede l'ora di stare con te, di passare dei momenti sereni in cui è libero di ridere, di scherzare, di imparare, di collaborare.

Ma tu devi fare il primo passo e ridurre le volte in cui dici: "Adesso non ho tempo", "Lo facciamo dopo", "Aspetta", "Non vedi che sono occupato?", o quelle in cui ti limiti a dargli ordini o fargli la morale. Fra l'altro, può essere un'ottima occasione anche per noi adulti per ritrovare un po' di sana leggerezza e imparare a fare le cose rilassati e divertendoci (anche le faccende di casa).

ABBI PAZIENZA E NON DEMORDERE

Questa è la vera arma segreta. Tutte le volte che i suggerimenti che hai appena letto non funzionano è perché chi li mette in pratica lo fa frettolosamente e conclude subito: "Non funziona!". Ci vogliono molta *pazienza e perseveranza*.

Anche se hai la sensazione che il risultato non arrivi subito come vorresti, non demordere: mantieni un atteggiamento docile e fiducioso. Anche se ti sembra che la situazione sia destinata a peggiorare o di non riuscire a mantenere la calma, insisti: è solo questione di tempo, e meno resistenze mostri, più in fretta arriveranno i risultati. Più sei disposto a modificare il tuo atteggiamento, più credi nelle risorse di tuo figlio, più in fretta scoprirai le vere gioie dell'essere genitore.

4. Perché non riordina le sue cose?

Ci risiamo: macchinine sotto il divano, bamboline inzuppate dentro la doccia, calzini e magliette sotto il letto, vecchi disegni accartocciati nella scatola dei colori, penne rotte in mezzo ai cassetti... Non se ne può più! Ma quando impareranno a essere ordinati!

In realtà, i bambini sono a loro agio nell'ordine e nel pulito. Come abbiamo già detto, l'ordine esteriore è sinonimo di ordine interiore, con tutti i vantaggi che questo comporta.

Il problema è che, strada facendo, può capitare qualcosa che li fa deviare da questa tendenza naturale.

Le ragioni principali possono essere tre:

- *Esempio ricevuto*. È il momento dei *mea culpa* e degli esami di coscienza. Spesso i bambini disordinati hanno (almeno) un genitore più o meno disordinato e lo imitano, o (almeno) un genitore particolarmente rigido (a volte fobico) e quindi inconsciamente si ribellano. In questo caso la prima cosa da fare è riportare l'ordine in famiglia, sia per gli oggetti sia per i pensieri e l'organizzazione in generale. Non dimenticare che l'imitazione è la prima fonte di tuo figlio, nel bene come nel male. Se lo metti a contatto con una situazione armoniosa e ordinata, non ha motivo di riprodurre qualcosa di diverso.
- *Opposizione*. Se tuo figlio per qualche motivo è arrabbiato con te e se tu tieni all'ordine, è probabile che utilizzi il disordine come strumento per attirare la tua attenzione sul suo disagio emotivo. In questo caso è utile, come sempre, andare all'origine del problema e risolvere quello innanzitutto.
- *Energia repressa*. I bambini che portano in corpo carichi di energia inespressa possono diventare nervosi, scontrosi, confusionari e distratti. Questo aspetto tende a riversarsi anche sul loro senso dell'ordine (giochi, cameretta, vestiti, quaderni ecc.). In questo caso è utile organizzare con particolare attenzione le loro attività giornaliere e settimanali, da un lato stimolandoli a sfogarsi di più (correre, giocare all'aperto, non sentirsi troppo limitati in quello che vogliono fare o sperimentare), dall'altro gestendo meglio il loro ritmo quotidiano anche con momenti di tranquillità e di riposo (parecchi bambini oggi non sanno più godere del silenzio, dell'attesa, della quiete, della serenità d'animo).

Cinque indicazioni per aiutare tuo figlio a essere più ordinato

Oltre alle regole generali, eccoti anche qualche suggerimento pratico (se l'ordine per te è un problema).

DAGLI TU L'ESEMPIO

Fai in modo che tuo figlio ti osservi mentre metti in ordine, sparecchi, mentre la cucina, il salotto, la cameretta. Cerca di farlo con gioia, senza sbuffare, trovando sempre il lato positivo, organizzandoti al meglio per non stancarti con corse sovrumane. Solo così potrà farsi un'idea positiva del riordinare e non cadere nella trappola del voler rimandare a domani.

FATELO INSIEME

Più tuo figlio è piccolo, più è impossibile pretendere che metta le cose a posto da solo. Se dopo i 7 anni continua a non essere autonomo su questo aspetto, è probabile che non lo abbia assimilato negli anni precedenti e quindi bisogna fare un passo indietro. Riordinate insieme finché non noti che inizia a prendere autonomamente l'iniziativa. Vedrai che con il passare del tempo farà spontaneamente alcune cose da solo (per esempio svestirsi e infilare i panni sporchi nella cesta del bucato anziché lasciarli per terra, rimettere le scarpe nella scarpiera anziché lasciarle sul tappeto in salotto e via dicendo). I tempi sono differenti da bambino a bambino... Tu intanto non mollare!

FATELO GIOCANDO (E DIVERTITEVI)

Se riordinate insieme pensando che sia noioso, se lo fate con un senso del dovere pesante e asfissiante, com'è possibile che riordinare diventi per lui una piacevole abitudine? Se serve, ti suggeriamo di farlo anche giocando. Per esempio potete improvvisarvi dei corsari che rassettano la nave, fare come Cenerentola, che pulisce per poi andare al ballo, giocare alle formiche meticolose che ribaltano da capo a piedi il loro formicaio ecc. I risultati sono stupefacenti (e ci si diverte un mondo)!

INIZIA A DARGLI QUALCHE PICCOLA RESPONSABILITÀ (DOPO I 7 ANNI)

Con i suggerimenti che ti abbiamo appena dato, tuo figlio dovrebbe abituarsi spontaneamente a riordinare. Una volta superata la fase egocentrica, comunque, quando inizia a diventare più consapevole di se stesso e si attiva in lui il bisogno di rendersi autonomo, puoi cominciare a delegargli a piccoli passi qualche responsabilità. Puoi cominciare per esempio con la cura di un animale domestico, facendogli portare fuori la spazzatura o raccogliere il suo piatto quando ha finito di mangiare (vale anche per gli adulti), facendogli preparare da solo la cartella ecc.

FAI IN MODO DI GUADAGNARTI LA SUA STIMA

Se applichi i suggerimenti che hai trovato in questo libro e più in generale segui un approccio educativo più in linea con la sua natura, per lui sarà più facile stimarti come genitore. Se tuo figlio ti rispetta, se si sente amato e accolto da te, non chiederà altro che di poterti imitare. Vale anche per l'ordine: se sei una persona pulita, precisa e ordinata, anche lui lo diventerà.
Ti sembra troppo elementare? Pensi che tuo figlio sia un caso limite o quantomeno più complesso? Comprendiamo le tue perplessità: spesso abbiamo la tendenza a diffidare delle soluzioni semplici, tanto che non ci prendiamo nemmeno la briga di verificarle. Ma essendoci passati anche noi, abbiamo deciso di presentarti un caso che semplice non è, per farti vedere come la natura dei bambini risponda a leggi elementari, così elementari che a volte fatichiamo persino a vederle. L'esempio che abbiamo scelto riguarda V., di cui conosci già la storia.

DAL DIARIO DI ROBERTA

SECONDO LUI I GIOCATTOLI NON SONO MAI IN DISORDINE!

Sull'ordine io e V. abbiamo punti di vista differenti. Per me si tratta di uno sforzo ragionevole in cambio di un risultato appagante. Per lui invece riordinare non ha senso: perché perdere tempo a tirare fuori e rimettere a posto, se tanto con quei giocattoli ci giochi tutti i giorni? È del tutto inutile, specialmente se quel tempo lo puoi usare per giocare fino all'ultimo e se il disordine si accumula quasi sempre sul tappeto del salotto (e chi arriva a farti visita pazienza, basta che scavalchi i giochi che sono per terra per arrivare al divano, e se ce ne sono anche lì basta che li sposti o eviti di sedersi...).
Nemmeno io in verità sono maniaca dell'ordine, giusto il minimo per non inciampare, per non perdere irrimediabilmente le chiavi o intere giornate a riassettare: per questo, la sera, preferisco rimettere tutto nei cesti o nei cassetti. Ma di fronte alla mia richiesta di riordinare V. dà sempre le stesse risposte. Per esempio: "Dopo", "Adesso no", "Devo ancora finire", "Non ho voglia", "Nooooo, ti pregoooo!" ecc.
Il problema resta: prima o poi bisogna pur riordinare, e anche prenderla come abitudine mi sembra importante. Come fare allora? Nell'unico modo che ritengo davvero efficace a breve e a lungo termine: quello che rispetta anche la sua natura, oltre a farmi raggiungere il risultato che desidero.
Armandomi di pazienza, giorno dopo giorno, mi sono dedicata a una vera e propria opera di svezzamento. Ho iniziato da lontano, riordinando io: lui ha potuto osservarmi per qualche giorno e vedere che in fondo non era così faticoso, non toglieva troppo tempo e nemmeno il sorriso. A quel punto, quando iniziava a mostrarsi più disponibile, gli ho detto che lo avremmo fatto insieme, un po' per ciascuno, dividendoci i compiti: per me le cose più pesanti e difficili, per lui il resto. Per esempio, io portavo di là i giochi ingombranti mentre lui raccoglieva i fogli da disegno e li infilava sotto la TV a 20 centimetri di distanza. Lentamente, nei giorni successivi, ho invertito la rotta fino ad arrivare a un'equa distribuzione dei compiti.
V. non se ne è quasi accorto, o meglio, se ne è accorto ma per lui non è stato né traumatico né pesante. Un po' come quan-

do vai in palestra: se all'inizio non esageri puoi aumentare la complessità degli esercizi senza rendertene conto, se invece passi di colpo da una serie di addominali a dieci, non vorrai mai più entrare in una palestra in vita tua! Dunque, abbiamo continuato così per qualche giorno finché ho iniziato a invertire la rotta "a mio favore", ovvero più giochi da riordinare per lui e meno per me.
Oggi la situazione è la seguente: prima di partire per tornare in orfanotrofio, V. non ritirava ancora i giochi se non glielo chiedevo o non glielo ricordavo io e non lo faceva mai da solo, ma... abbiamo comunque raggiunto un ottimo risultato. Le ultime settimane, infatti, mi limitavo a dire che bisognava riordinare e a restare con lui mentre riponeva tutti i giochi (magari tenendomi impegnata anch'io e dandogli qualche indicazione). Quando tornerà, ho già in mente il passaggio: abituarlo a riordinare quando glielo dico ma senza bisogno del mio aiuto o della mia presenza. Vedremo...

5. Come lo convinco a lavarsi i denti tutte le sere?

Anche tuo figlio è uno di quei bambini che non vogliono lavarsi mai i denti? Uno di quelli che non capiscono l'importanza di avere i denti puliti e non ne vogliono sapere, una volta mangiato, di filare in bagno e prendere in mano lo spazzolino? Anche tu sei uno di quei genitori che devono ripetere mille volte: "Ti prego, vai a lavarti i denti!", agitando in casi estremi la minaccia del dentista o di tagliargli definitivamente le caramelle? Se tu o tuo figlio siete fra questi, sei arrivato alla pagina giusta. Vediamo insieme la soluzione.
Anche in questo caso ci sentiamo di dover riversare parte delle responsabilità a un approccio o a dei tentativi che hanno poco a che spartire con la natura del bambino. Se lavarsi i denti non è più il gesto innocuo e automatico che dovrebbe essere, ma si trasforma in una tortura per te e per lui, probabilmente non stai affrontando la questione dal lato giusto. Per questo hai la sensazione che tuo figlio non ti ascolti o non impari.

COME AVRAI CAPITO,
DIRE E RIPETERE LE COSE COME UN DIKTAT
O UNA REGOLA NON FUNZIONA.

Che cosa invece può essere davvero utile? Eccoti cinque suggerimenti che non lasciano scampo ai capricci.

DAGLI TU L'ESEMPIO

Soprattutto all'inizio sarà impossibile sottrarti al tuo destino di genitore: vai sempre in bagno con lui e lavatevi i denti insieme. Fagli vedere che, anche quando non sei a casa, ti porti sempre dietro la busta con spazzolino e dentifricio. Anche se è superfluo sottolinearlo, tieniti e tienilo alla larga da quei chewing gum che spacciano per sostituti del dentifricio...

INIZIATE GIOCANDO CON SCENETTE E FILASTROCCHE

Se lo trascini in bagno e non vedi l'ora di finire, se ti strofini i denti soffiando come un bufalo, se alzi gli occhi al cielo chiedendo pietà, sarai punto e a capo. Anche in questo caso, come per l'ordine, è importante che lo facciate divertendovi e che anche tu, come adulto, possa vivere il lato positivo e leggero del lavarsi i denti.

Per esempio, a seconda dell'età di tuo figlio, potete farlo giocando, inventandovi la storia del pupazzetto lavadenti, della magia che tutto lo sporco porta via, oppure canzoncine e filastrocche da cantare prima o dopo.

EVITA LE MINACCE

Non servono mai, sono inutili, generano sfiducia e un grande divario che negli anni può diventare incolmabile. Riflessione: tu come ti sentivi quando i tuoi genitori ti minacciavano? La stima nei loro confronti aumentava o diminuiva?

RENDILO UN MOMENTO SEMPLICE E PIACEVOLE IN MODO CHE NON SI CREINO ECCEZIONI

A volte sarà capitato anche a te di dire (magari perché non ce la fai più o hai fretta) "Va bene, per questa volta no, li laviamo domani...". Può succedere, a volte siamo stanchi, abbiamo poco tempo, siamo esasperati e sgarriamo alle regole, facciamo un'eccezione. Ma se le regole non sono tali, se quello che bisogna fare lo si fa con gioia e semplicità, senza bisogno di troppi paletti, ecco che tutto diventa più facile e non serve ricorrere alle eccezioni. Riflessione: se anche tu, l'adulto, ti concedi delle eccezioni, significa che la regola sta stretta a te per primo. E allora come riuscirai a farti ascoltare? Come sarà possibile per tuo figlio rispettare quello che dici e non considerare le tue direttive come abiti troppo stretti?

FAI IN MODO DI GUADAGNARTI LA SUA STIMA

Torniamo a ripetere che questo aspetto è per qualsiasi situazione il terreno di base in cui far attecchire qualsiasi radice. *Più tuo figlio ti stima e più ti segue.*

DAL DIARIO DI ROBERTA

LE MUTANDE E LE CALZE SONO SEMPRE PULITE (QUANDO L'IGIENE È UN OPTIONAL)

Anche per quanto riguarda l'igiene e la pulizia, V. e io abbiamo due concezioni differenti. Per me una bella doccia tutti i giorni può essere considerata la normalità. Per me è scontato lavarsi i denti dopo ogni pasto, e anche il fatto di cambiarsi gli indumenti intimi ogni giorno. Per lui invece è un po' diverso: lavarsi i denti è un optional, un'azione aggiuntiva non necessaria e una noiosa distrazione dal gioco, una vera perdita di tempo. Le mutande e le calze sono sempre pulite, le magliette dell'Uomo ragno o di Dragon Ball non sono mai da lavare (soprattutto se sono le sue preferite) e la doccia l'ha sempre già fatta il giorno prima e quindi non ha bisogno di rifarla.

Per non parlare delle mani! Le sue si autopuliscono, si disinfettano da sole: non richiedono un lavaggio col sapone prima di mangiare, nemmeno quando sono sporche di terra o di fango, dopo che ha giocato per terra tutto il pomeriggio, è stato in giro per compere ecc.
Nel rispetto dei punti di vista reciproci, mi sembrava evidente che dovessimo arrivare almeno a una via di mezzo tra il mio "estremismo" (secondo lui) e la sua "leggerezza" (secondo me). Ma come?
Più i giorni passavano, più V. si trovava bene con me. Non perché io sia una persona speciale, semplicemente perché in me trovava un adulto disponibile ad ascoltarlo, che non entrava in conflitto, calmo e sorridente, attento ad accogliere i suoi bisogni e le sue ragioni, affettuoso e mai giudicante. A chi mi dice che è difficile o impossibile rispondo sempre che impossibile non lo è di certo, e sul difficile possiamo parlarne... Non lo ritengo difficile, ma per certi versi lo trovo impegnativo. Perché? Tanto per cominciare, perché bisogna volerlo davvero e decidere di rimboccarsi le maniche. E in secondo luogo perché, pur continuando a fare tutto il resto, dobbiamo dare la priorità all'obiettivo principale: impegnarci a ravvivare in noi quello stato d'animo, come se fosse l'unica cosa che ci interessa. Tutte le volte che l'ho fatto o l'ho visto fare ad altri, i risultati sono arrivati a velocità esponenziale.
Nel frattempo, in questi mesi, ho continuato a battere sull'altro fronte: ogni occasione era buona per mostrargli che mi lavavo le mani perché era necessario e per coinvolgerlo, per farlo insieme a lui (se lo avessi mandato in bagno da solo o avessi sperato che se le lavasse di sua iniziativa, sarebbe stata una battaglia persa). Così pure per la doccia: anche se ormai è cresciuto, V. ha ancora paura di stare al buio da solo, di salire da solo al secondo piano della casa, per esempio quando deve fare la doccia in bagno. Con pazienza ho iniziato ad andare con lui: prendevamo i vestiti di ricambio insieme, portavamo nella doccia i vari robottini con cui voleva giocare e poi, dopo le prime volte, ho iniziato lentamente a uscire dal bagno per qualche minuto con la scusa di dover fare una telefonata o di prendere qualcosa. Bene:

oggi è lui a chiedermi di fare la doccia e a ricordarmi di lavarci le mani quando rientriamo in casa o è ora di pranzare. Insisto sempre che l'asso nella manica a disposizione di noi adulti è proprio la pazienza, la capacità di non reagire con rabbia e nervosismo. Se avessi perso la calma, se mi fossi spazientita, se lo avessi sgridato quando lui non era ancora autonomo o diceva di non averne voglia, non avrei ottenuto nulla. Se lo avessi ripreso con tono duro, adesso saremmo ancora qui a discuterne tutti i giorni e, soprattutto, lui non avrebbe fatto propria una sana abitudine che andrà a suo vantaggio anche quando sarà più grande.

E ora, a proposito di dare l'esempio...

DAL DIARIO DI ROBERTA

DA WÜRSTEL A BROCCOLI
IN DUE SETTIMANE

L'alimentazione di V. è sempre stata un argomento tosto. Del resto, come potrebbe essere altrimenti... Con i soprusi che ha subito e i vuoti affettivi che ha, non c'era da aspettarsi altro. Quindi, se volevo andare d'accordo con lui e non creare polemiche, bastava mettere in tavola würstel, ketchup, patatine, pizza e tante, tante caramelle. Facile immaginare quale fosse il clima a tavola con la sua famiglia affidataria: "Ti prego, mangia... Per favore mangia, ti supplico!", fino ad arrivare ai: "Se non mangi muori", "Adesso mangi e fai come dico io", "Se non lo mangi non giochi con il computer" ecc. Insomma, un disastro!
Osservavo la scena senza intervenire, riflettendo sul fatto che sarebbe servito ben altro per fargli prendere confidenza con un'alimentazione più sana. Per fortuna, quando sono presente anch'io, ho praticamente carta bianca sulla sua educazione, così ho iniziato a mettere in atto quelle che ritengo le uniche strategie possibili ed efficaci, non tanto rispetto alle cose da mangiare, quanto alla possibilità di colmare i suoi vuoti affettivi. L'alimentazione salutare sarebbe venuta di

conseguenza. È stato così che, ormai più di due anni fa, è iniziato il lento lavorio...
Con questa espressione intendo la capacità di applicare tutte le strategie del caso con pazienza, perseveranza, senza mai perdere la disponibilità e l'allegria. E come è sempre successo, anche con V. non ho tardato a coglierne i frutti. Ogni volta che ero con lui cercavo di essere il più possibile presente (con la testa e con il cuore), di organizzare bene il mio tempo e le mie energie per essere sempre ben sveglia e in forze, non solo per giocare ma anche per gestire i suoi no e i suoi capricci iniziali. Mi organizzavo per non dovergli dire: "Dopo, adesso non ho tempo", ma per avere sempre una buona parola e il tempo di ascoltarlo e di rispondergli quando mi chiamava. Andando avanti con fiducia, giorno dopo giorno, ecco arrivare finalmente la bella sorpresa. Avevo già notato che il suo stato d'animo e il suo comportamento si stavano modificando: era più tranquillo, sempre iperattivo ma più sereno e collaborativo. Poi, quel giorno...
Quel giorno, a pranzo, assistiamo tutti a qualcosa che lascia gli altri presenti sconcertati e me piacevolmente divertita. Al momento di sederci a tavola, mi accingo a inforchettare qualche foglia della mia insalatona; lui guarda attento e mi chiede cos'è. Gli racconto cosa ho nel piatto, gli dico che non sto mangiando quello che mangia lui perché preferisco l'insalata. A quel punto V. chiede di assaggiare e... Dopo aver assaggiato, chiede di averne un po' anche nel suo piatto per poter mangiare quello che mangio io. A differenza dei presenti, a soddisfarmi non è tanto che stia ingerendo un po' di verdura e non sviluppi strane carenze. No, sono contenta perché quello è il segnale della sua ritrovata fiducia nei confronti di un adulto, dell'inizio di un risanamento affettivo che non dovrà più per forza compensare con grassi e zuccheri, della rottura di quel muro che lo spingeva sempre a fare e a mangiare qualcosa di diverso per potersi distinguere, per poter essere visto.
Il tempo ha dimostrato che era la strada giusta. Una strada che abbiamo continuato a percorrere senza mai desistere, al punto che proprio qualche settimana fa, al supermercato, V. ci ha chiesto di comprargli i broccoli da mettere nella pasta (non ne ha mangiato dosi stratosferiche: un po' nella pasta,

un po' il giorno dopo come contorno e un altro po' che ha assaggiato dal nostro piatto; ma considerato il punto di partenza a noi è sembrato un ottimo risultato).
Come se non bastasse, qualche sera fa non avevamo molto appetito e abbiamo cenato con un po' di frutta, nonostante la tavola imbandita per tutti gli altri commensali. V. ha voluto iniziare anche lui con una mela (che poi sono diventate due) prima di passare al resto della cena. Questi non sono miracoli. So che c'è chi pensa che si tratti di un caso sporadico o che V. fosse particolarmente predisposto rispetto ad altri bambini, ma di tutto cuore sento di dover dissentire.
V. non è diverso dagli altri. Personalmente ritengo che tutti i bambini, chi più chi meno, ciascuno con le proprie preferenze culinarie e con il proprio appetito, possano raggiungere un risultato del genere. Perché lo penso? Perché il risultato non dipende dall'alimentazione in sé ma, anche in questo caso, dall'emotività in gioco. Una volta sanata quella, si possono scalare anche le montagne più scoscese.
La stessa cosa è successa quando V. mi ha visto mangiare le olive, i cavolfiori, i pistacchi (ultimamente addirittura supervisiona lui la spesa, e va al supermercato con la sua famiglia affidataria sceglie "le olive che piacciono a Roberta", "la verdura che piace a Roberta", "i pistacchi che vuole Roberta" e poi li mangiamo insieme quando ci vediamo).
Adesso, mentre sto scrivendo, mi torna in mente un episodio successo qualche settimana fa. Ormai è un fatto che in televisione spopolano vari programmi di cucina. V. li conosce tutti e li cita quando è ora di mangiare o quando ci vede cucinare. Come poter sfruttare questo interesse senza disperderlo ma trasformandolo in una risorsa preziosa, in un'esperienza concreta e divertente da cui lui possa imparare qualcosa?
Ecco che inizio io per prima a giocare: divento un cuoco intento a preparare il suo piatto o un giudice esigente che annusa, guarda e riguarda la pietanza che ha davanti... V. ride e inizia a giocare anche lui (mentre prepariamo il pranzo o la cena o consumiamo i pasti). Noto che in questo modo non solo lui si diverte, ma inizia anche a farmi domande su quello che cuciniamo: vuole annusare e assaggiare anche

lui, e questo mi sembra un ottimo modo per familiarizzare e simpatizzare con il cibo sano e naturale che prepariamo. Andiamo avanti così per due o tre giorni finché V. mi dice: "Adesso ti preparo io una buonissima insalata russa! Anche se non abbiamo gli ingredienti giusti possiamo prendere quello che c'è in frigo!". Io gli rispondo: "Mmmhhh... Wow! Un'insalata direttamente dalla Russia... Certo!".
Apro il frigorifero, tiro fuori le verdure crude disponibili (peperoni rossi, pomodorini, sedano e cipolla) e nel frattempo "preparo" anche il mio cuoco: grembiule, coltello poco appuntito, asse per tagliare, scolapasta per lavare la verdura, contenitore per l'insalata. Tutto a disposizione per cominciare. Mi sono limitata ad assisterlo nel caso avesse avuto bisogno di me. Cosa che in effetti è accaduta: "Questo taglialo tu", "Come faccio a farli più sottili?", "Questi dove li metto?", "Versalo tu", "Aiutami", "No, questo lo faccio io". Abbiamo preparato il pranzo divertendoci, abbiamo fatto passare il tempo senza annoiarci e V. ha imparato tante cose nuove e interessanti.
Ed è così che abbiamo trascorso la sua ultima settimana prima della partenza: a preparare per ogni pasto una buonissima insalata che ci siamo gustati ridendo e scherzando come dei veri chef!

6. E se non vuole finire quello che ha nel piatto?

Di questo aspetto abbiamo già parlato. Vediamo di riassumere i concetti principali:

- Riempi meno il piatto.
- Chiediti quale può essere la sua motivazione profonda, evita i preconcetti.
- Forse vuole attirare la tua attenzione.
- Se non si tratta di episodi sporadici bisogna risalire al rapporto con la madre e risolvere quello, se necessario.

E adesso scendiamo più in profondità...

RIEMPI MENO IL PIATTO

La capienza dello stomaco di tuo figlio è inferiore alla tua. Eviti un sacco di problemi se gli riempi meno il piatto (per i bis c'è sempre tempo). Siamo una società di individui iperalimentati: se tuo figlio mangia la giusta quantità che gli richiede il suo organismo (forse per tua mamma o per tua suocera troppo poco), apprezzalo e impara da lui... male non ti farà di certo! Ovviamente ci riferiamo a situazioni nella norma (i casi di disordine alimentare sono un altro discorso).

CHIEDITI QUALE PUÒ ESSERE LA SUA MOTIVAZIONE PROFONDA, EVITA I PRECONCETTI

Come ormai sai anche tu, tuo figlio ha sempre una motivazione profonda validissima per i suoi comportamenti. Forse non ha più fame, forse preferisce andare a giocare, forse non gli piace davvero quel tipo di condimento, forse ha instaurato fin dall'inizio un cattivo rapporto con il cibo in seguito a uno svezzamento forzato, troppo tardivo o prematuro ecc. Anche in questo caso è essenziale risalire alla vera motivazione e risolvere quella. Noi in questo modo abbiamo superato moltissime situazioni difficili, sia con bambini che si rifiutavano di mangiare sia con bambini che non smettevano di ingurgitare cibo.

FORSE VUOLE ATTIRARE LA TUA ATTENZIONE

I bambini oggi hanno bisogno di molte attenzioni: non perché siano dei principini viziati, ma perché quelle che ricevono sono poche o frettolose rispetto ai loro bisogni. È facile quindi che il momento del pasto (a cui tu tieni molto) diventi una *facile arma per ricevere attenzioni* e tempo, oltre che per scaricare le tensioni. Ricorda: se migliori la qualità del tempo che trascorri con lui, avrà meno occasioni di sollecitare il tuo interesse a tavola.

AFFRONTA LA CAUSA PIÙ ESTREMA, SE NECESSARIO

Se non si tratta di episodi sporadici bisogna, risalire al rapporto con la madre e risolvere quello. Sappiamo che per una madre non è affatto facile sentirsi responsabile in prima persona del rapporto che il figlio ha col cibo. A volte però è un passaggio necessario, considerato che il primo nutrimento che il bambino riceve – fatto non solo di cibo ma anche di sensazioni, amore, emozioni e sentimenti – arriva proprio da lei già durante il periodo della gestazione. Più migliora il rapporto tra mamma e figlio, più migliora di riflesso il rapporto che il figlio ha col cibo, che si tratti di dover aumentare le quantità o di doverle ridurre.

Anche in quest'ultimo caso (ridurre le quantità di cibo) i suggerimenti sono gli stessi: *negare il cibo con urla o ricatti serve a poco* (anzi, spesso peggiora la situazione e crea più tensione). È molto più utile agire come per la TV: utilizzare l'anticipo del bisogno e trasmettere un senso di abbondanza lavorando parallelamente sulla soluzione della causa affettiva.

Solo se si risolve la causa affettiva a monte il rapporto con il cibo migliora. Non dimenticarti di considerare sempre *il valore dell'esempio*:

SE TI MOSTRI SCHIZZINOSO,
PARTICOLARMENTE RIGIDO
O PARTICOLARMENTE GOLOSO,
PERENNEMENTE AFFAMATO
O CON LO STOMACO CHIUSO,
RICORDA CHE TUO FIGLIO
TI FARÀ DA SPECCHIO.

E quando quello che ha nel piatto o sulla forchetta finisce per aria sporcando tovaglia, vestiti e pavimento? Come evitare di dare in escandescenze se ti sei appena seduto a tavola e il frutto dei tuoi sforzi in cucina genera disastri ancora prima di cominciare?

DAL DIARIO DI ROBERTA
SCHIZZI DI SUGO DAPPERTUTTO

Sorrido se ripenso a un episodio accaduto qualche tempo fa, durante l'ultima visita di V. in Italia. Stiamo cenando e a un certo punto, quando V. fa per spostare il bicchiere, le penne che ha appena infilzato nella forchetta con relativo sugo cadono miseramente a terra, sporcando non solo il pavimento (con schizzi di sugo sulle gambe del tavolo e della sedia) ma anche la tovaglia, la maglia e i pantaloni... Bingo! D'istinto guardo V., che mi sta fissando dispiaciuto in attesa della mia reazione, e dico: "Mannaggia! È caduto! Lo so che non lo hai fatto apposta... Come puoi rimediare?" (aggiungo sorridendo). Lui fa per raccogliere, e io gli allungo un pezzo di carta da cucina. Mentre sta buttando la pasta nell'immondizia gli dico: "Bisognerebbe anche dare una pulita", così V. prende la spugna dal lavandino, pulisce per bene e se la passa velocemente anche sui vestiti. Poi si risiede, io lo ringrazio e continuiamo a cenare.
La prossima volta saprà come fare anche se io non ci sarò o non glielo dirò. Perché V. ha pulito senza fare storie? Credo sinceramente che lo abbia fatto perché non si è sentito accusato o colpevolizzato (in fondo poteva capitare a chiunque, anche a noi), perché non ci ha visti perdere la pazienza e non ha ricevuto sgridate o paternali.
Io, dal canto mio, mi chiedo se ho fatto la cosa giusta, se il mio atteggiamento non sia stato troppo "molle" (conosco bene le conseguenze di un modello educativo lassista). In ogni caso so di aver fatto del mio meglio: se è vero che non mi sono arrabbiata e non l'ho sgridato, non ho pulito al posto suo, ho permesso che imparasse a gestire le conseguenze delle sue azioni rimanendo ferma, senza sostituirmi a lui.
Quella sera, quando siamo rimasti soli, Antonio e io abbiamo ripercorso l'accaduto pensando a tutti bambini che vengono "sgridati" perché si sporcano o fanno cadere del cibo a terra.
Ogni gesto porta con sé una conseguenza: in quest'ultimo caso, credo che la conseguenza inevitabile sia il senso di colpa malsano che si attiva nel bambino, la paura che si scatena dentro di lui nel vedere l'adulto alterarsi e la lenta e inesorabile perdita di stima che ne consegue. Fine della riflessione...

7. Come posso evitare che tocchi cose pericolose?

Tanto per cominciare, dovremmo chiederci se il problema sia davvero che il bambino non può toccare cose pericolose o, piuttosto, capire come mai arriva a farsi del male quando le tocca. In linea di massima, bisognerebbe eliminare il più possibile le fonti di pericolo e mettersi nell'ottica di seguirlo nei suoi movimenti: questo permette a noi di evitare spiacevoli inconvenienti e a lui di togliersi il cruccio di toccare gli oggetti che lo incuriosiscono. Detto questo, vediamo insieme qualche suggerimento utile.

EVITA DI SPAVENTARLO

Spesso, se noi ci preoccupiamo o ci spaventiamo, contribuiamo a modificare in automatico le sue sensazioni e a spaventare anche lui. Lo spavento è spesso e volentieri causa di un possibile disastro. Se sente che non hai la situazione sotto controllo, per lui tutto inizia a vacillare: la mancanza di un punto di riferimento innesca la paura. *Non dimenticare che il suo riferimento sei sempre tu.* Quando è troppo piccolo e le sue risorse interiori non gli permettono ancora di avere il controllo su tutto, lui sfrutta spontaneamente la tua capacità di gestire la situazione. Quindi, *se ti spaventi o se lo spaventi, è peggio.* Meglio giocare d'anticipo e prevenire, come vedremo tra un attimo.

EVITA DI MINACCIARLO

"Guai a te se tocchi...", "Guai a te se ti avvicini", "Guarda che ti bruci!", "Guarda che ti tagli!": sono frasi che non aiutano. A te sembrerà di aver fatto il tuo dovere di adulto e di esserti tolto un peso dalla coscienza ("Io gliel'avevo detto..."), ma per lui in realtà non funziona. Te lo diciamo perché la curiosità di tuo figlio, il suo bisogno di sperimentare e di verificare le intuizioni che mano a mano ha, sono più forti di qualsiasi avvertimento. Non appena ti girerai o cambierai stanza lui correrà, anche di nascosto, a soddisfare il suo bisogno, rischiando di farsi male davvero.

LE COSE VIETATE CON RABBIA E DUREZZA
SONO QUELLE CHE TENDERÀ A FARE DI PIÙ,
ANCHE DI NASCOSTO,
ANCHE METTENDOSI IN CONFLITTO
CON L'AUTORITÀ
(FUNZIONA ANCHE PER NOI ADULTI).

PREVIENI LA TENTAZIONE E IL PERICOLO (IL GENITORE-CUSCINETTO)

Di fronte a tutto ciò che lo incuriosisce ma è pericoloso è bene che ci sia sempre un adulto a fare da "cuscinetto". Se la pentola brucia te la faccio toccare a mano a mano che si scalda, se il coltello taglia ti faccio vedere il suo effetto su una carota o passo il mio dito e il tuo sulla punta per farti sentire che è appuntita e tagliente, se è bello dondolarsi sulla sedia ti tengo forte e, accompagnando la sedia all'indietro, ti faccio provare la sensazione del vuoto e capire cosa potrebbe succedere (evitando di riderci su, altrimenti vorrà ripeterlo anche quando è solo). Perché funziona?

LA MODALITÀ DEL "GENITORE-CUSCINETTO"
FUNZIONA PERCHÉ I BAMBINI
HANNO UN INNATO SENSO DEL PERICOLO:
NON SONO STUPIDI,
SANNO CHE IL COLTELLO TAGLIA,
CHE IL FUOCO BRUCIA.

Quando accadono grandi o piccoli incidenti, spesso non è solo per distrazione dell'adulto, ma anche perché il bambino non è stato opportunamente "preparato" al grado di pericolosità di una situazione o di un oggetto.

PASSA PIÙ TEMPO CON LUI

Sembra banale sottolinearlo, ma lo zelo non è mai troppo in questi casi: più tuo figlio ha la possibilità di giocare con te, di stare con te (o sotto la tutela di un altro adulto), meno rischi si corrono. Il tempo è poco, lo sappiamo, tu non sei una riserva di energie infinite, ma con un po' di buona volontà possiamo riuscire a gestire meglio le nostre risorse, se serve chiedendo un supporto a conoscenti, parenti e amici (a volte anche a costo zero).

LASCIA CHE TI OSSERVI ANCHE QUANDO FAI COSE "PERICOLOSE"

Lo aiuterà osservarti mentre sali con attenzione le scale, maneggi con cura i coltelli, stai attento a non sporgerti troppo dal balcone, ad attraversare come si deve la strada, a togliere le pentole dal fuoco con le presine ecc. Gli servirà perché si sentirà spinto a imitarti.

TUO FIGLIO ASSORBE E IMITA
FINO ALLA PIÙ PICCOLA DELLE TUE ESPRESSIONI,
DELLE TUE EMOZIONI:
FIGURIAMOCI CON I GESTI
CHE COMPI TUTTI I GIORNI
(A PATTO CHE ABBIA MODO DI VEDERLI).

NON PRETENDERE CHE GIOCHI DA SOLO TROPPO PRESTO

È comodo avere un figlio che si incolla volentieri alla TV (doppio messaggio contraddittorio per lui: "Mi metti davanti alla TV quando ti fa comodo e poi la demonizzi quando bisogna spegnere perché vuoi che io faccia altro"). Sarebbe comodo avere figli che si intrattengono da soli, che passano ore davanti allo stesso gioco, che non corrono, che non urlano, che non si fanno male... Sarebbe comodo, ma totalmente assurdo e innaturale! I bambini hanno il diritto di seguire il loro estro, di annoiarsi, di cambiare attività anche spesso, di sudare, di correre, di cadere, di sbucciarsi le ginocchia e di rialzarsi, di fare un capitombolo giù dal divano o di sbattere contro uno spigolo... Che sarà mai! A tutti noi è capitato e siamo ancora qui, illesi e più forti di prima.

I bambini hanno il diritto di godere di questa libertà e nello stesso tempo di non essere abbandonati o trascurati (più sono piccoli e più hanno bisogno di interagire con il genitore o con un adulto, di essere supportati e seguiti). È bene riuscire a creare un sano equilibrio fra questi due elementi.

EVITA DI SOSTITUIRE IL MARTELLO CON UN PETTINE.
PIUTTOSTO DOMANDATI PERCHÉ VUOLE IL MARTELLO

Perché è così incuriosito dal martello? Togliergli di mano il martello, dargli un vecchio pettine e dirgli di giocare con quello equivale a prenderlo in giro. E tuo figlio lo sa. Lui ha preso il martello perché era lì a portata di mano, lo incuriosiva, gli serviva ecc. Se avesse voluto il pettine avrebbe cercato quello o te lo avrebbe chiesto. Quindi, meglio tenere a priori il martello alla larga oppure, come abbiamo già detto, mostrargli concretamente a che cosa serve e come si usa, per esempio pestandolo su una noce per dargli modo di comprenderne la pericolosità (ecco di nuovo il ruolo del genitore-cuscinetto).

8. Riuscirò mai a fargli fare i compiti senza urla e minacce?

La risposta che ti darebbe spontaneamente Roberta è: "Non urlare qualsiasi cosa accada, non minacciarlo. Piuttosto non farglieli fare!". Ma sappiamo che non è così semplice e che alla sua risposta diretta e "di pancia" dobbiamo poi aggiungerci la testa...

Nel libro *Le 7 idiozie sulla crescita di tuo figlio* abbiamo riflettuto sull'utilità dei compiti a casa. Ci siamo chiesti se a lungo termine servano davvero o se non siano piuttosto lo strascico di uno stile di apprendimento ormai logoro che però, non si capisce bene perché, detta ancora legge. Al di là di queste riflessioni, comunque, ecco alcune chiavi per destreggiarti e uscire indenne dai pomeriggi sui libri.

CONSIDERA IL MOMENTO PIÙ OPPORTUNO

Alcuni bambini preferiscono fare i compiti appena rientrano (per toglierseli di torno), altri arrivano a casa così stanchi che metterli sui libri dopo pranzo significa assistere a teste che ciondolano, occhi che si chiudono, lamentele, distrazioni ecc. A volte basta posticipare il momento fatidico al tardo pomeriggio, lasciare che abbiano il tempo di riposare, giocare e ricaricarsi per poi essere di nuovo freschi e pronti a intraprendere la maratona pomeridiana fra esercizi e pagine da studiare.

FAI IL POSSIBILE PER NON LASCIARLO SOLO

Questo consiglio riguarda il bambino che si trova nella fase egocentrica (0-7 anni): parliamo quindi dei primissimi anni di scuola, non di adolescenti delle superiori e neppure di ragazzini delle medie o di quinta elementare. In questa fase tuo figlio deve essere seguito e guidato nello svolgimento dei compiti. Ha bisogno di imitare l'esempio di un adulto ordinato, disciplinato e costante, capace di gestire il proprio tempo senza perderlo, di divertirsi, di vedere il lato bello delle cose, anche di quelle che non piacciono.

Se in questa fase pretendiamo da lui troppa autonomia, con il passare degli anni il rischio è che diventi un ragazzino che non si sa organizzare, che non ha rispetto delle cose, che non sa gestire il suo tempo e non ha un metodo di studio. Quindi cerca di stare con lui, e se sei al lavoro fai in modo che abbia una persona che lo segue nei compiti durante il pomeriggio (ridursi a doverli fare di corsa dopo cena non è la migliore delle soluzioni, a meno che nel pomeriggio non abbiate fatto insieme una gita superdivertente e quindi il 50% dei compiti non si fa grazie alla giustifica scritta di papà e l'altro 50, 40 o 30%, si fa veloci veloci prima di andare a dormire, con l'aiuto del genitore più paziente e meno stanco dei due).

COMPRENDILO (E RICORDA CHE LA SCUOLA E I COMPITI ANNOIAVANO ANCHE TE)

I compiti non si sottraggono alla nostra ricerca della motivazione profonda. Anche in questo caso non puoi esimerti: individua il motivo profondo per cui tuo figlio non vuole fare i compiti e comprendilo invece di giudicarlo. I motivi sono sempre tutti validi: "Non ho voglia", "Sono stanco", "Non mi piace", "Non mi serve a niente" (e come dargli torto...), "Voglio andare a giocare", "Aiutami, non capisco", "Non ci riesco" ecc. Accogli le sue motivazioni e fai il possibile per porvi rimedio, così che impari da te.

AIUTALO A RENDERE I COMPITI PIÙ INTERESSANTI

Sai bene anche tu quanto certi esercizi o certi modi di studiare possano essere noiosi o alienanti. Avere un adulto che ti mostra come rendere il tutto più interessante ha la sua grande utilità. Noi, per esempio, abbiamo sempre trovato un grande beneficio raccontando la storia degli egizi come se fosse un'avventura entusiasmante e andando a leggerla sul libro solo in ultima battuta.

> L'ASCOLTO DI UN RACCONTO
> RIMANE MOLTO PIÙ IMPRESSO:
> LUI TI CHIEDE DI CONTINUARE
> E DI POTERNE SAPERE DI PIÙ.

Con i verbi o le tabelline diventa tutto più divertente se si sceglie di cantarli o di storpiarli con un particolare suono della voce (ancora oggi ci sono bambini che si ricordano le canzoncine e ci chiedono di scriverle). Con la matematica si può rendere tutto più chiaro facendo esempi di vita pratica (solo qualche settimana fa abbiamo aiutato una bambina di 10 anni a svolgere le equivalenze pensando a cose concrete: un chilo di banane o un etto di banane, un bambino alto un metro, una strada lunga chilometri ecc.).

FAI IL POSSIBILE PER MANTENERTI NEUTRALE E NON PRETENDERE

Ci capita spesso di osservare, soprattutto negli adulti (i bambini lo manifestano solo se sono stati condizionati), un culto spietato della performance e del successo: vogliono figli perfetti, che portino a casa voti ottimi o superiori a quelli dei compagni. Questo bisogno non riguarda affatto il bambino. Tuo figlio ha bisogno di imparare a modo suo e con i suoi tempi. Per natura, sarebbe portato a non paragonarsi mai agli altri, a mantenere vivo il suo spirito curioso, sempre in cerca di risposte. Tutto il resto è affare dei grandi. Primeggiare sugli altri, dimostrarsi impeccabili, sacrificare ogni cosa (anche se stessi) al risultato: sono tutti valori che ci sono stati trasmessi e che non hanno niente a che vedere con il nostro istinto e la nostra natura profonda. Quindi, se vuoi aiutarlo a crescere nel rispetto della sua natura, fai il possibile per non anticipare le tappe ed evita di instillargli l'importanza del voto e della performance.

MANTIENITI NEUTRALE E RIDIMENSIONA
L'IMPORTANZA DELLA SCUOLA.
RICORDA: LE LEZIONI PIÙ IMPORTANTI
TU LE HAI IMPARATE DALLA VITA.

Leggere, scrivere, far di conto, sviluppare strategie, dipingere, suonare, conoscere il passato, scoprire il pianeta: tutto ciò è possibile anche con altri presupposti e in modi allettanti e semplici che appassionano i bambini. Oggi, per fortuna, molte delle nostre scuole lo stanno capendo e si stanno convincendo che se i bambini possono apprendere divertendosi, secondo i loro tempi e le loro modalità innate, imparano meglio, ricordano di più e alimentano il loro desiderio di conoscere e di imparare autonomamente quando saranno più grandi.

9. Posso sperare di farlo vestire e uscire di casa la mattina senza ricorrere ai ricatti?

Capricci di prima mattina? La scelta della maglietta, dei pantaloni o delle scarpe è un problema? Quello che scegli tu non va mai bene? Vediamo, passo dopo passo, come puoi uscire vivo dal problema senza perdere il sorriso o farlo perdere a lui.

CONSIDERA MEGLIO I TEMPI

Banale ma significativo. All'inizio potrà non piacerti molto l'idea, ma puntare la sveglia mezz'ora o un'ora prima ti permetterà di scoprire che un'ora di sonno in meno non ti cambia la vita e migliora la qualità del tempo che hai a disposizione per gestire con calma le tue esigenze e quelle di tuo figlio. Ricorda che la mancanza di sonno non è mai la vera ragione della nostra frustrazione o del nostro sconforto. Di solito ci sentiamo stanchi e frustrati perché non siamo felici, perché le cose non vanno come vogliamo, perché pensiamo troppo, perché siamo sempre di corsa, perché facciamo fatica a gestire il carico delle nostre emozioni. Quindi avere più tempo per svegliare tuo figlio con qualche coccola in più, per fare colazione con calma, per giocherellare mentre ci si veste e riuscire a gestire le sue obiezioni con il sorriso non può portare altro che benefici. Te lo diciamo per esperienza: quando avevamo dai quattro ai sei bambini da far arrivare puntuali a scuola ogni giorno, è stata la nostra unica via di salvezza.

FAI IL POSSIBILE PER GESTIRE LA TUA REAZIONE

Se senti che stai per cedere al nervosismo, fai qualche respiro profondo, accogliti come hai imparato a fare nelle pagine precedenti e recupera la tua neutralità. Solo se mantieni l'equilibrio puoi gestire brillantemente e in tempi rapidi la situazione senza cadere nella trappola delle urla e delle lotte di potere.

VAI ALLA MOTIVAZIONE PROFONDA E RISOLVI QUELLA

Cerca di renderti conto che il vero motivo della tua rabbia o del tuo sconforto non è tuo figlio o la situazione che si è venuta a creare, ma la ferita aperta dentro di te che per qualche motivo è tornata a sanguinare.

SEI TU IL GENITORE E LA GUIDA

Se ti infili nella strada senza ritorno di quei figli che possono scegliere a che ora alzarsi, che possono tuffarsi nell'armadio e tirare fuori quello che vogliono, spendere mezz'ora per scegliere fra dieci tipi di corn flakes, dieci tipi di pane e di marmellata o quattordici tipi di brioche, come pensi di uscirne vivo? Impossibile! Quindi, dato che "il mattino ha l'oro in bocca", prendi in mano le redini della situazione prima ancora di andare a svegliare tuo figlio e sii consapevole di tutto quello che deve succedere: sveglia, coccole, bagno, colazione con pane x e marmellata y, vestirsi con maglietta x e pantaloni y, uscire di casa.

**SE SEI TU A GUIDARLO, IL GIOCO È FATTO:
TUO FIGLIO TI SEGUE SERENO,
NON SI CREANO STRESS,
LUI SENTE LA TUA SICUREZZA
E LA ASSORBE DA TE COME UNA SPUGNA.**

Ti ricordiamo, fra l'altro, che i bambini molto piccoli non sono assolutamente in grado di decidere (se lo fanno è solo per adattarsi ai genitori). Scegli tu, guidalo tu: lui non aspetta altro.

NON ARRABBIARTI (MAI)

Mantenere la calma è l'arma segreta che non può mancarti se vuoi costruire un buon rapporto con tuo figlio. Se ti capita di perderla (lo ribadiamo ancora una volta) non giudicarti: vai alla tua motivazione profonda, accogliti, evita di scaricare la frustrazione su tuo figlio perché peggioreresti soltanto le cose.

NON VENIRE MENO ALLE TUE DECISIONI

Evita di tergiversare e di uscire dal tuo binario: se hai scelto la maglia rossa, maglia rossa sia; se ci sono pane e marmellata, pane e marmellata siano, senza remore o ripensamenti.

NELLA PRATICA, LA MATTINA... SE I PANTALONI FANNO SCHIFO!

Ecco un esempio di come puoi gestire i capricci di tuo figlio che si rifiuta di indossare i pantaloni che hai scelto per quella mattina.

"Io questi pantaloni non li metto, ti ho detto che mi fanno schifooooo!!!", e con aria di sfida punta i piedi per terra e lancia i pantaloni puliti in corridoio.

Subentra ora la tua modalità zen...

"Davvero amore non li vuoi mettere? Mannaggia, come ti fanno arrabbiare questi pantaloni! Eh, lo so che non ti piacciono/ti stanno stretti/ti pizzicano ecc." Sorridi e respiri, sorridi e respiri. Ti siedi sul letto e vai avanti: "Cosa possiamo farci? Oggi ci sono questi!

"Ti capisco, sai? Mi dispiace tanto che questa cosa ti stia facendo arrabbiare! Cosa facciamo...? Idea: me li metto io! E tu ti metti quelli della mamma! Proviamo!" A quel punto inizi a giocare con lui: la tensione si stempera, tuo figlio ride e vede che non sei sul piede di guerra, capisce che la provocazione non porta a nulla, gioca con te e alla fine si mette i benedetti pantaloni.

Un'altra opzione è quella di dirgli: "Amore lo so, mi spiace tanto, ma oggi ci sono questi pantaloni da mettere".

"E perché? Io non voglio!"

"La mamma ha deciso così." Lo guardi negli occhi sorridendo, senza distogliere lo sguardo, senza la minima traccia di nervosismo, impassibile nella tua marmoreità: nemmeno lo tsunami più distruttivo potrebbe distoglierti dalla tua decisione (continui a non essere arrabbiato e a non perdere la calma). "Ti capisco amore, se vuoi piangere, urlare o lanciare qualcosa ti aiuto, se vuoi le coccole sono qui, ma i pantaloni da mettere sono questi..."

Resta con lui, siediti sul letto con calma e aspetta.

Dopo qualche minuto, tuo figlio molto probabilmente tornerà e ti chiederà di aiutarlo a infilarsi i pantaloni; se invece è ancora molto arrabbiato, ripeti con calma le stesse parole di prima. A mali estremi, estremi rimedi. Se lui è irremovibile puoi dirgli, sempre senza perdere il controllo: "Non mi resta che portarti a scuola in mutande (sorridi)... andiamo!".

A quel punto può sorridere, dirti di no e infilarsi i pantaloni, oppure continuare a urlare dicendo che lui non li mette comunque e a scuola non ci va. Ripeti tutto ancora una volta, con pazienza. All'inizio si può innescare un vero e proprio tira e molla, ma ti garantiamo che a lungo andare, soprattutto se sei neutrale e comprensivo, non dovrai mai arrivare a salire in macchina con tuo figlio in mutande e neppure a ripetere la trafila per troppo tempo. Anche questo te lo assicuriamo per esperienza: ci siamo passati molte volte, anzi moltissime...

DAL DIARIO DI ROBERTA
"VOGLIO LE SCARPE VERDI
ALTRIMENTI NON GIOCO!"

È domenica pomeriggio, una delle poche domeniche libere perché a ridosso delle vacanze natalizie. Dopo tanto tempo, Antonio e io abbiamo un giorno a disposizione come le persone normali e possiamo scegliere come trascorrerlo. Dato che V. è in Italia, ci catapultiamo dalla sua famiglia italiana per stare tutti insieme. Al mattino c'è già un viavai di persone, amici e conoscenti che spuntano come funghi per fare gli auguri, mentre il telefono e il citofono non smettono di suonare. V. è un po' irrequieto: con tante persone che vogliono salutarlo (e molte purtroppo anche compatirlo) si sente a disagio, non ha nessuna voglia di stare lì con le loro moine e i loro salamelecchi... Messaggio ricevuto: bisogna

uscire! E allora, perché non andare in cortile a giocare a pallone con Antonio?
Lì per lì sembra proprio una bella idea: piace a V., piace a me e persino Antonio sembra dell'umore giusto. Tutto è pronto ma ad un tratto.... Il dramma!!! GLI SCARPONCINIIIII!!!
Come se fosse in preda all'ira di Ade, il dio degli inferi, V. si lancia in una serie di improperi perché vuole a tutti i costi giocare con le scarpe nuove di pacca, acquistate il giorno prima. Non si discute, lui vuole proprio quelle scarpe lì! Se fossimo sul cemento o sull'asfalto perché no; ma vedendo il giardino umido infangato da giorni e giorni di pioggia, e dato che quelle scarpe "da signorino" si possono ripulire ma fino a un certo punto, ci infileremmo proprio in un tunnel senza ritorno. Quindi non è possibile. Dobbiamo dirottare i dolci piedini di V. in altre scarpe. Bene, prendiamo quelle verdi da ginnastica: "Dove sono le scarpe verdi?". "Le devo tirare fuori dalla lavatrice, le ho lavate e sono ancora bagnate, mi dispiace" è la risposta della signora che ha in affido V. *Aaaaaahhhhhhh*!!!!!!!!!!!!
V. si scalda ancora di più e io sulle prime non capisco perché: in fondo abbiamo sempre gli scarponcini con cui è arrivato dalla Bielorussia. V. si trasforma in una vera furia, si altera spropositatamente, piange perché quelle scarpe proprio non le vuole: "Sono larghe, devo strisciare i piedi, sono pesanti, sono rotte, non le voglio, fanno schifo, ecc.", il tutto condito da urla e lacrime. Mannaggia! Mi prendo qualche secondo per pensare e poi... ecco che mi si accende la lampadina (per fortuna)! Certo che quegli scarponcini non li vuole! Come ho fatto a non pensarci prima? Dove vive, V. non ha neppure un armadietto per i vestiti: dorme in uno stanzone con altri quattordici bambini, i vestiti e le scarpe sono tutti ammassati in una specie di magazzino dove chi prima arriva prima prende. Quelle scarpe probabilmente gli sono state appioppate e se le è ritrovate sul groppone senza poter fiatare... chissà cosa gli ricordano!
Di certo non può mettersele: non in Italia, almeno, non di domenica, quando potrebbero arrivare altri bambini e vederlo. È vero. Come sempre accade, però, anche in questo caso il problema non è mai l'oggetto in sé, ma il sentimento

a cui ci rimanda, quello che V. prova in quel momento e le emozioni che lo stanno prendendo in contropiede.
Esco fuori armata di un bel sorriso e della mia proverbiale pazienza e lo vedo scalzo, tutto sconsolato, su una sedia del giardino. Mi abbasso, lo guardo negli occhi e gli dico: "Hai ragione a non volere queste brutte scarpe... Ti capisco, sono orribili e da domani dovremo di sicuro buttarle (è vero, ogni anno al suo arrivo compriamo un paio di scarpe nuove per sostituire quelle vecchie con cui arriva)...
"Dato che quelle verdi sono bagnate e quelle nere non si possono mettere perché sono nuove, vorrà dire che a pallone ci giocheremo un altro giorno... Che peccato però! Io avevo voglia di giocare e secondo me anche tu!" (mi dice sì con la testa). "Se vuoi, in alternativa, puoi giocare con le mie pantofole da camera... Fammi provare." (Scherzo e inizio a tirare la palla con le pantofole che ho addosso, inciampo e faccio un pasticcio.) "Nooo, non riesco, mi faccio male ai piedi e poi fa freddo!!!" (Continuo a scherzare e lui inizia a ridere coinvolto dalla scenetta.) "Queste scarpe sono davvero orribili, non vedo l'ora di buttarle, ma intanto, dato che non possiamo nemmeno giocare scalzi, puoi provarne almeno una, una sola e vedere se calcia il pallone. Io ti aiuto, te la infilo e stringo bene i lacci tanto per provare (sentirsi accolti e aiutati in un momento di difficoltà emotiva è importante per tutti i bambini), se poi non va lasciamo perdere e giochiamo domani, giochiamo lo stesso ma domani, quando le scarpe verdi saranno asciutte."
Gli infilo la scarpa, la chiudo e lui inizia a dare qualche calcio al pallone. "Vieni, ti metto anche l'altra, solo per provare se con due riesci meglio, se poi non ti piace le togliamo e lasciamo perdere... Perché hai ragione, se sono brutte e fanno male non si può..." (Sono sincera e non ho nessuna intenzione di manipolarlo con le mie affermazioni.) V. si infila anche il secondo scarponcino, glielo allaccio e intanto arriva Antonio e inizia a giocare. V. si alza e comincia a correre anche lui: magicamente ritorna il sorriso! Dopo qualche minuto gli chiedo se le scarpe sono ok o se vuole smettere di giocare. Lui mi guarda sorridendo, dice di no, e con lo sguardo mi ringrazia per averlo aiutato a superare l'impasse... Quel giorno giochiamo come matti finché c'è luce.

10. Come evitare i soliti capricci e le richieste estenuanti al supermercato?

Questa situazione, oltre a esserci prospettata da tanti genitori, è un triste quadretto a cui assistiamo anche noi andando a fare la spesa: figli che implorano, genitori che fanno finta di niente, bambini annoiati, adulti che li strattonano... Che fare?

SE PUOI EVITA DI PORTARLO

"La prossima volta ti lascio a casa e basta!" Bravissimo! Ottimo ruggito! Proprio così: agisci d'anticipo e quando puoi lascialo a casa, fai la spesa nel fine settimana quando il tuo partner non ha impegni e può occuparsi di lui, lascialo a nonni, parenti, amici, vicini di casa fidati e tu vai da solo a fare compere. Ci è capitato di sentir dire a qualcuno che portare i bambini al supermercato è utile a livello educativo perché imparano a gestire le loro frustrazioni. In tutta sincerità, non ci sembra questa la via. I bambini, soprattutto se in fase egocentrica, sono attratti da tutto (forme, colori, odori), e questo i supermercati lo sanno e mettono ben in vista alla loro altezza tutto quanto può stimolare la loro curiosità e il loro desiderio e può dunque essere virtualmente acquistato.

Lasciarlo a casa evita delle frustrazioni a lui e a te tante difficoltà. In caso contrario, puoi imparare a gestire meglio il momento. Ecco come.

APPAGA LE SUE CARENZE AFFETTIVE

Un bambino senza carenze affettive, al supermercato o in un negozio di giocattoli, avanza richieste (una o due o tre) senza essere estenuante, senza insistere, sentendosi appagato con un solo oggetto o anche con nessuno. Se invece il vuoto affettivo c'è, è naturale che senta di doverlo colmare con quello che ha a disposizione: se siamo al supermercato può trattarsi di cibo (di solito cibo spazzatura o dolciumi) o di giocattoli. Come in altri casi, anche in questo è basilare riuscire a colmare a monte il suo vuoto affettivo. Come? Aumentando le attenzioni che gli dedichi, migliorando la qualità del tempo che passate insieme, evitando giudizi e punizioni e prediligendo l'accoglienza, la fermezza quando serve e un atteggiamento neutrale.

ANTICIPA IL BISOGNO

Anche se per un adulto è difficile accettare questa modalità educativa, non ci stanchiamo mai di suggerirla perché favorisce la relazione senza generare vizi, dipendenze, carenze, senso di vuoto (difficile da sanare da adulti) e mancanza di considerazione da parte di mamma e papà.

Anticipare il bisogno, lo ripetiamo, non vuol dire dargli incondizionatamente, sempre e comunque, qualsiasi cosa ti chieda. È un meccanismo più sottile. *Significa esserci sempre, fargli capire concretamente la tua disponibilità e la tua abbondanza di amore*. Per esempio, rispondendo tempestivamente quando ti chiama, quando vuole dirti qualcosa, rientrare dal lavoro e andargli subito incontro per salutarlo ancora prima di toglierti la giacca, smettere di parlare quattro secondi al telefono per dirgli: "Certo amore, anch'io voglio stare con te, stai qui con me, ho quasi finito e poi giochiamo" (e intanto continuare a guardarlo negli occhi o accarezzargli i capelli).

In particolare, se il bambino ha carenze affettive (e i capricci ne sono il primo segnale) è molto utile (con il cuore aperto, senza secondi fini) portargli tutti i giorni un pensierino. Cose semplici: un disegnino fatto da te, qualche bellissima foglia raccolta per strada in autunno, un ventaglietto di carta che puoi fare tu stesso, una scatolina che non ti serve più ecc. Oltre a questo, almeno all'inizio, per colmare il vuoto non c'è niente di male a comprare due pacchetti di figurine invece di uno o una macchinina in più, a concedergli di tanto in tanto una "serata pizza" in più se è la sua passione ecc.

Un approccio che si distanzia parecchio dalla cartella nuova tutti gli anni perché sì, dall'astuccio pieno di penne supercolorate e supertecnologiche che di fatto non servono o dalla cameretta che trabocca di giochi inutilizzati: tutte cose dalle quali ovviamente ci dissociamo.

11. Come faccio a occuparmi di lui e di tutto il resto nel frattempo?

Negli ultimi anni va di moda parlare di genitori multitasking. Quei genitori dotati di superpoteri che arrivano da un'altra galassia e sanno fare cento cose al minuto: lavorare, cucinare, stirare, fare la spesa, portare un buono stipendio a casa e non sperperarlo, gestire tutte le incombenze della famiglia e, in più, anche occuparsi bene o abbastanza bene del figlio.

Ma questi non sono genitori multitasking. Sono genitori normali. Qual è allora il problema? È che non siamo abbastanza felici di come siamo e di quello che abbiamo, che vogliamo di più ma non sappiamo come ottenerlo e ci arrabbiamo, aggiungendoci a volte rancori, invidia, fissazioni, impazienza e frustrazioni di vario genere, che ci sembra di strafare, di dare più di ciò che riceviamo (in termini di energie spese). Ed ecco che allora se dobbiamo cucinare e occuparci intanto di lui (o di loro) andiamo in tilt, mentre tutto potrebbe essere gestito nella più totale serenità e con estrema naturalezza.

Se fossimo completamente appagati dalla vita che abbiamo e soddisfatti di chi siamo, sarebbe tutto più facile: avremmo l'umore più alto e meno pensieri per la testa. È nostro dovere sforzarci di stare meglio, in modo da poter gestire nel migliore dei modi la presenza di nostro figlio insieme a tutto il resto.

Una cosa che ti suggeriamo è di coinvolgerlo più che puoi in ciò che fai.

Per esempio:

- Portalo con te a fare il bucato e dagli dei vestiti da infilare nell'oblò (se è grande può versare il detersivo), portalo con te a stendere (le femminucce possono avere un piccolo stendino tutto loro o dei fili su cui stendere, i maschietti possono giocare con le mollette e trasformarle nei vagoni di un treno o in campioni di kung fu).
- Portalo con te in cucina: dagli dei piattini, una ciotolina d'acqua per giocare, qualche buccia di patata o un gambo di sedano. Se è più grandicello puoi farti aiutare (tagliare, versare, mescolare ecc.): lui si diverte e in più soddisfa il suo grande bisogno di stare con te e imitarti.
- Cerca di coinvolgerlo quando siete al supermercato: fagli spingere il carrello, fagli pesare la frutta e la verdura (di solito piace parecchio); se sa leggere fai tenere a lui la lista della spesa; oppure giocate a "fuoco, fuochino...": lui ti guida a cercare gli oggetti da comprare (non si perde tempo, lo sappiamo per esperienza: anche noi ne abbiamo poco...).
- Quando stai pulendo, lui potrebbe non avere voglia di imitarti. Più è piccolo, però, più dopo qualche minuto sentirà il bisogno di essere considerato (per questo ti viene a chiamare o inizia a fare i capricci o ne combina qualcuna per attirare la tua attenzione). In questo caso ti suggeriamo di farlo giocare nella stanza dove sei tu in modo da poter interagire con lui, rispondergli quando vuole farti vedere cosa sta facendo, guardarlo quando ha semplicemente bisogno di essere guardato o di ricevere un cenno o un sorriso da parte tua.

E se devi cucinare, riordinare, far giocare i bambini evitando che si annoino e senza che quello che hai in forno si carbonizzi? Eccoti un esempio pratico di come è possibile gestire le incombenze della vita quotidiana senza sacrificare tempo e buonumore preziosi da dedicare a te stesso e a tuo figlio.

DAL DIARIO DI ROBERTA
UNA DOMENICA DA SUPEREROI?
NON CREDO...

Non ho molto tempo per uscire o da dedicare allo svago, ma quando posso cerco di trascorrerlo con gli amici che mi fanno rilassare e divertire. Così, ogni tanto accetto i loro inviti a pranzo o a cena. Dato che ci vediamo poco, capita che l'invito a pranzo cominci già la mattina o che l'invito a cena venga anticipato al pomeriggio in modo da avere più tempo per stare insieme. Sapendo che mi piace stare con i bambini e conoscendo il lavoro che faccio, spesso quando arrivo mi delegano volentieri la gestione dei figli.
Un giorno andiamo a casa di amici che hanno due simpatici maschietti di 11 mesi e 3 anni e una femminuccia di 6. È domenica mattina, Antonio deve parlare di lavoro con la mamma, il papà si sta prodigando per fare bagno e doccia ai più grandi e il piccolo gattona per casa toccando tutto. Mi offro di dare una mano: bisogna finire di preparare il pranzo, sistemare la cucina, apparecchiare la tavola e intanto dare un'occhiata al piccolo. Cosa faccio? Lo prendo e lo porto con me in cucina, lo adagio sul tappeto e iniziamo a giocare con quello che troviamo: le presine del forno, il tubo della carta argentata ormai finita, due castagne secche che facciamo rotolare in giro, qualche contenitore vuoto. Quando il gioco è ormai avviato e lui si sta divertendo (tempo 2 o 3 minuti) mi alzo: continuo a guardarlo e a parlare con lui, ma intanto prendo la scopa e comincio a spazzare il pavimento. Quando vedo che inizia ad annoiarsi o è un po' in difficoltà, intervengo, risolvo il problema (tempo 2 o 3 minuti) e, continuando a parlargli, torno a fare altro.
Finisco di lavare le verdure e di preparare i piatti che mancano, rendendomi sempre disponibile per lui. Il tempo passa: bagno e doccia sono finiti, e mentre il papà si unisce alla conversazione degli adulti in salotto gli altri due ci raggiungono in cucina per giocare. Mi mostrano i loro giochi, io faccio loro qualche domanda mentre continuo a cucinare. Poi li coinvolgo, chiedo di indicarmi dove sono piatti e bicchieri, di scegliere i più colorati e di apparecchiare insieme a me. Mentre apparecchiamo, le mie attenzioni continuano a sud-

dividersi in particolare fra i due più piccoli, che potrebbero farsi male rompendo qualcosa o che comunque incorrono più facilmente in distrazioni e sono più difficili da coinvolgere. Le pietanze sono sul fuoco: dopo averlo abbassato perché non si bruci nulla, propongo ai piccoli di creare dei bigliettini con il nome di ciascun commensale e un disegnino. Sotto la guida della figlia più grande prepariamo i bigliettini (lei vuole legarli con un fiocchetto e prende un po' di filo). Anche i più piccoli ci aiutano a modo loro: il secondogenito fa qualche scarabocchio colorato sui bigliettini e il terzogenito gioca a strappare e accartocciare la carta che è rimasta. Intanto si sono fatte le 12.20: gli adulti si alzano dal salotto e corrono in cucina pensando che sia tardi e ci sia ancora tutto da fare... Non è così, e si trovano davanti a una bella sorpresa: il tutto senza urla, capricci, schiamazzi o bambini che disturbavano in giro!

Vuoi sapere che cosa ha fatto la differenza? Te lo diciamo subito: il fatto che Roberta sia riuscita a mantenere la calma. Senza lasciarsi influenzare da stati d'animo esterni (rabbia, stanchezza, disagio ecc.), ha messo i bambini al centro della sua attenzione: ha escogitato qualche idea semplice per intrattenerli e ha mantenuto il controllo della situazione, coinvolgendoli in quello che doveva fare. Impossibile? Assolutamente no! È alla portata di tutti, e se decidi di provarci scoprirai anche tu che non ci vogliono più tempo o più risorse, ma solo la predisposizione d'animo che ti abbiamo descritto e un po' di organizzazione.

Leggendo l'esempio tratto dal diario di Roberta, qualcuno potrebbe pensare che un conto sia farlo di tanto in tanto, in un giorno di svago o di riposo, e un altro sia doverlo fare tutti i santi giorni. È vero, e se lo stai pensando anche tu ti capiamo. Abbiamo voluto riportarti questo esempio perché è una delle nostre esperienze più recenti, ma ti assicuriamo che quando avevamo i bambini in affido era la stessa cosa: c'era sempre chi voleva giocare, chi voleva aiutarci e chi doveva essere guardato a vista e, nello stesso momento (non potendoci sdoppiare, come immaginiamo non possa fare nemmeno tu), c'era sempre da cucinare e da sbrigare le faccende di casa.

Credici, non è impossibile. Ci auguriamo di cuore che i suggerimenti che ti abbiamo dato possano aiutarti: sono gli stessi che con pazienza e perseveranza abbiamo utilizzato anche noi e che oggi ci permettono di raccontarti i grandi benefici che siamo riusciti a ottenerne.

capitolo 13

"E ADESSO DA DOVE COMINCIO?"

Se ci chiedessi di indicarti le 6 azioni fondamentali per PREVENIRE i capricci alla radice, e non solo per incollare i cocci una volta rotto il vaso, ecco che cosa ti diremmo:

- Fai il possibile per guadagnare nel tempo la sua stima o per recuperarla se credi che si sia un po' incrinata (anche i suggerimenti generici che trovi in questo libro possono aiutarti).
- Evita di banalizzare o di dare per scontate le sue richieste, le cose che fa e ti dice.
- Osservalo più che puoi e domandati il perché dei suoi gesti e dei suoi stati d'animo.
- Renditi sempre disponibile.
- Se devi dargli dei limiti o dei no, fallo con fermezza e con amore e gentilezza; sii comprensivo davanti alle sue obiezioni.
- Evita di perdere la calma (la neutralità è una delle chiavi più efficaci che abbiamo a disposizione).

Siamo consapevoli che non si tratta di un compito facile. A volte gli ostacoli che ci impediscono di realizzarlo sono proprio dentro di noi: è da te, dunque, che dobbiamo partire.

I 9 nemici dell'intervento anticapricci

Cosa può sabotare dentro di te i risultati efficaci del nostro intervento anticapricci "secondo natura"? Da quali nemici devi stare in guardia?

1. *Stanchezza*

Se sei stanco è difficilissimo riuscire a soddisfare le richieste di tuo figlio, a gestire i suoi capricci e ad avere pazienza. Fai il possibile per ritagliarti qualche spazio per te, anche piccolo. Per esempio, rientra a casa dieci minuti più tardi e concediti una passeggiata o un piccolo break chiedi aiuto a parenti, amici o conoscenti fidati; organizza meglio il tuo tempo (in questo possiamo sempre perfezionarci...).

2. *Bisogni insoddisfatti*

Anche se siamo adulti, non è detto che la nostra parte bambina sia stata completamente appagata: non è detto che abbiamo colmato i vuoti affettivi dell'infanzia e nemmeno che siamo pienamente soddisfatti di noi e della nostra vita. In questo caso è davvero difficile essere pazienti, neutrali ed empatici. Anche se sembra impossibile, rischiamo di entrare in competizione o di ingaggiare sottili lotte di potere con nostro figlio (per esempio quando diciamo che non lo sopportiamo, che la vuole sempre vinta lui, quando diventa il nostro unico punto di riferimento o la nostra unica ragione di vita e dimentichiamo di doverlo essere noi per lui). L'ideale è sanare i nostri vuoti affettivi e ricucire le nostre ferite, dedicando del tempo a noi stessi e diventando noi i veri genitori del nostro bambino interiore (che in fondo necessita delle stesse attenzioni di cui ha bisogno nostro figlio): impariamo ad amarci, ad accogliere e a soddisfare noi stessi e, perché no, a imporci quei limiti, quella fermezza e quel senso di responsabilità che ci permettono di non inciampare lungo il cammino.

3. *Mancanza di continuità*

Provare i nostri suggerimenti per una settimana sull'onda dell'entusiasmo e arrivare alla conclusione che funzionano poco o che è faticoso seguirli, difficilmente può dare risultati duraturi. È importante che questi suggerimenti tu li senta risuonare dentro di te e che ti conceda di praticarli per lungo tempo (per trasformarli in un comportamento acquisito e riuscire a vedere i miglioramenti nel loro complesso). Anche se ti capiterà ancora di arrabbiarti o di "inciampare" su qualche punto, non preoccuparti: continua a perseverare con pazienza e forza di volontà. Con il passare del tempo riuscirai a scardinare i vecchi metodi e gli automatismi che ancora oggi utilizzi involontariamente con i tuoi figli, lasciando sempre più spazio alla comprensione e alla neutralità necessari per chiederti sempre (senza rabbia e nervosismo): "Come mai fa così? Che motivo ha? Cosa gli è successo nelle ultime ore? E a me o in famiglia, che cosa è successo?".

4. *Mancanza di osservazione*

Se non siamo molto attenti a quello che facciamo, che diciamo, che proviamo o che pensiamo, rischiamo di non avere abbastanza controllo su ciò che accade e sulle conseguenze delle nostre azioni. Osservarci con attenzione ci permette di diventare più consapevoli, di capire sempre meglio se stiamo continuando a ripetere vecchi schemi di comportamento ereditati o assorbiti dalla nostra famiglia di origine e ci aiuta a distaccarcene più facilmente. Se ci osserviamo, per esempio, possiamo capire quando stiamo per arrabbiarci e gestire l'emozione prima che divampi. Possiamo accorgerci di tutte le volte che rispondiamo a nostro figlio con tono duro e frettoloso, anziché fermo e amorevole. Possiamo intuire meglio come gestire un suo capriccio e farlo con calma, senza perdere il controllo.

5. *Visione a breve termine*

Il bisogno di risolvere in fretta un problema contingente per ripristinare una situazione di normalità (farlo smettere di piangere, farla finita con i capricci, convincerlo a riordinare, a vestirsi in fretta, a fare silenzio ecc.) toglie luce a quello che dovrebbe essere il nostro vero scopo: riuscire a considerare i benefici del nostro ruolo e dei nostri interventi in un'ottica a lungo termine.

Riflettiamo davvero sulle possibili conseguenze delle nostre sgridate, delle nostre punizioni, dei modi bruschi e della superficialità con cui a volte consideriamo la nostra relazione o la qualità del tempo che passiamo con lui?

Tutto quello che costruiamo in questi anni andrà a formare l'adolescente e l'uomo che tuo figlio sarà domani.

6. *Difficoltà ad assumerti il tuo ruolo*

Spesso assistiamo a difficoltà familiari fra adulti che faticano ad assumersi il loro ruolo di guida e sostegno e bambini costretti a diventare adulti troppo presto, che spesso danno la sensazione di essere quelli che comandano o piccoli "tiranni" che abusano della pazienza e della bontà dei genitori. A volte può capitare perfino a noi di sentirci schiavi di nostro figlio, sopraffatti dai suoi no e dalle sue richieste insistenti, logoranti. Spesso accade perché fatichiamo a mostrarci sicuri nelle scelte che compiamo quotidianamente, al punto che arriviamo a delegarle a lui, per esempio chiedendogli in continuazione: "Dove vuoi andare?", "Cosa vuoi fare?", "Cosa vuoi metterti?" ecc. Basti pensare già solo a quante cose gli diciamo mettendo il punto interrogativo in fondo alle nostre frasi: "Amore, andiamo a cambiare il pannolino?", "Amore, che ne dici, andiamo al parco?", "Amore, facciamo la pasta rossa?", "Amore, andiamo a dormire?". Alle frasi poste sotto forma di domanda, chiunque si sente in dovere di dare una risposta, anche un bambino. Il problema è che nei primi anni di vita lui non è così sicuro per poter prendere il posto dell'adulto, per fare scelte che non riguardano il gioco ma la vita pratica, il tempo, il cibo, i vestiti che in genere vengono gestiti dagli adulti. In questi primi anni tuo figlio ha bisogno di sentirsi al sicuro, di vedersi delegare pochissime responsabilità: solo così può crescere in un ambiente protetto in cui osservare gli adulti, vedere come si comportano e diventare autonomo una volta che nascerà naturalmente in lui lo stimolo a farlo (solitamente a cavallo tra il primo e il secondo settennio di vita, con il raggiungimento della piena autonomia nel terzo settennio). Per evitare questo inconveniente, basta togliere il punto interrogativo dalle nostre domande per trasformarle in affermazioni, impegnarci a gestire noi il tempo dei nostri figli dando loro l'esempio, così che possano imparare a fare altrettanto. Ti anticipiamo che per molti adulti questa è una vera difficoltà. Parecchi di noi tremano all'idea di scegliere perché hanno la sensazione di "imporre", di essere troppo duri o di sbagliare (forse perché sono persone tendenzialmente deboli o sottomesse o perché hanno ricevuto nell'infanzia un'educazione rigida e intransigente). Se ti riconosci in questo ritratto, anche se all'inizio è difficile, fai il possibile per modificare il tuo approccio, e in poco tempo vedrai tuo figlio sottoposto a molte meno tensioni.

7. *Volerlo educare all'obbedienza*

Partire dal presupposto di dover educare, crescere, controllare, correggere i bambini affinché diventino adulti educati, capaci, performanti e in grado di avere relazioni pacifiche con gli altri significa cominciare con il piede sbagliato. Partire dal presupposto di amarli, di osservarli per comprendere sempre meglio chi sono, di metterci a loro disposizione per lasciar fiorire naturalmente le loro capacità, la loro naturale predisposizione a diventare individui educati, cooperativi, dolci, amorevoli e, più in generale, di permettere alla loro essenza e al loro temperamento di sbocciare è il punto di partenza migliore. Tutto il resto verrà di conseguenza.

8. *Trasferire su tuo figlio la tua storia*

Non è detto che le tue paure siano le sue, che il tuo destino sia il suo, che avrà le tue stesse difficoltà o le tue stesse gioie. Evitare di trasferire su di lui le tue ansie, le tue carenze, le tue aspettative alleggerisce il rapporto da legami vincolanti e permette a tuo figlio di responsabilizzarsi del suo progetto di vita e non di quello di altri. Prova a pensare agli adulti che conosci e a quanti di loro si sono dovuti rassegnare a non realizzare i propri sogni per non deludere la famiglia, per seguire sentieri già tracciati, per star dietro a passioni e scelte che non erano le loro.

9. *Avere fretta di fare tutto subito*

Se quello che hai letto ti interessa e vuoi metterlo in pratica, ti suggeriamo di non essere troppo ingordo, soprattutto all'inizio. Voler mettere in pratica tutto e subito potrebbe riservarti una brutta sorpresa e sortire l'effetto contrario... un disastro! Del resto, sarebbe impossibile mettere tanta carne al fuoco e sperare nel successo. Ti consigliamo di iniziare con uno o due suggerimenti alla volta e di osservarti, perseverando e andando avanti con quelli finché non saranno diventati per te atteggiamenti acquisiti, e di proseguire poco a poco mettendo in pratica gli altri.

E mentre ti trovi nel bel mezzo di un capriccio, come puoi gestire la tua frustrazione?

Conta fino a mille... Magari non proprio fino a mille, ma prenditi qualche secondo per respirare a fondo, per valutare il da farsi, per andare in cucina a bere un po' d'acqua e intanto raccogliere le idee su come agire per il meglio (lasciando sbollentare i "fumi" che senti salire dalle tue viscere...).

Evita di urlargli contro e di rovesciargli addosso le tue emozioni. Per esempio evita di dirgli, in preda al fuoco della collera: "Basta, non ti sopporto più!!!", "Finiscila!", "Sei un disastro!", "Sei la mia rovina!", "Solo tu mi fai andare così fuori di testa!!!" ecc.

Sei libero di provare qualsiasi tipo di sentimento, ma hai il dovere di ascoltarti e di risolverli o di gestirli prima che travolgano come una valanga anche lui, soffocando i suoi sentimenti e i problemi che in quel momento hanno bisogno di te e non del tuo isterismo. Chiediti che cosa ti dà tanto fastidio.

Prenditi del tempo per te

Essere genitori eccellenti non significa occuparsi dei figli e trascorrere con loro ventiquattro ore su ventiquattro. Oggi, del resto, per molti è impensabile: spesso entrambi i genitori lavorano e passano fuori di casa parecchie ore al giorno, poi ci sono le faccende domestiche, la spesa, gli impegni vari e infine anche loro e i loro bisogni (che spesso vengono per ultimi). Per fare tutto come si deve, invece, dovremmo imparare a metterci al primo posto della nostra scala. Se noi siamo stanchi e insoddisfatti, come possiamo trovare le energie e l'entusiasmo per affrontare tutto il carico? Prenderti del tempo per te non è una perdita di tempo, anzi! Ritagliarti settimanalmente o giornalmente uno spazio per fare quello che ti piace, per riposare, per un caffè con gli amici, per praticare uno sport, per leggere o altro è un vero toccasana che ti dà gioia, ti ricarica e ti fa tornare il buonumore. Solo se tu stai meglio con te stesso puoi essere in forze per sostenere le responsabilità a cui tuo figlio ti mette davanti. Altro segreto ninja: il sostegno e la cooperazione con il tuo compagno o la tua compagna sono un asso nella manica che spesso purtroppo manca a molti genitori. Se la relazione con il tuo partner non è armoniosa, le tensioni rendono più difficile e pesante la gestione quotidiana di tutte le incombenze familiari. Un buon inizio per alcuni lettori potrebbe essere proprio questo: risanare il rapporto di coppia che, indirettamente, migliorerà le altre aree della vita, dal rapporto con i figli al lavoro alla sessualità.

Asseconda i tuoi bisogni e i tuoi desideri

Come ti abbiamo suggerito di fare nei confronti di tuo figlio, consigliamo vivamente anche a te di trovare lo spazio per assecondare i tuoi bisogni e i tuoi desideri. Del resto si sa: possiamo accompagnare gli altri solo lungo le strade che conosciamo, che abbiamo già percorso noi in prima persona. Affinché ti sia più facile comprendere cosa prova tuo figlio, inizia a stilare un elenco delle tue passioni da soddisfare, dei tuoi desideri (anche se ti sembrano irrealizzabili), dei tuoi sogni (anche se oggi appaiono irraggiungibili), di quello che vorresti concederti di tanto in tanto ma per cui non trovi mai il tempo o di cui pensi di poter fare a meno (perché "non è importante o fondamentale"...). Una volta buttato giù l'elenco, inizia dai punti che ti richiedono meno impegno e mettili in calendario. Non è mai questione di tempo: è sempre questione di intenzioni e di priorità.

Diventa genitore di te stesso

Quante volte i genitori che ci consultano si accorgono che imparare a conoscere la natura dei loro figli diventa in realtà un viaggio alla riscoperta di se stessi... Il senso è proprio questo! Noi adulti dobbiamo ancora imparare tante cose di noi, e considerato che i bambini sono i nostri veri maestri, che spesso ci fanno da specchio, assorbendo i nostri comportamenti e mostrandoceli fuori di noi così che possiamo riconoscerli meglio, è proprio il caso di approfittarne e cogliere l'occasione. Trasferire anche a noi tutte quelle attenzioni "secondo natura" per far fiorire non solo la loro essenza, ma anche la nostra è il miglior regalo che possiamo fare a noi stessi. Più che un regalo, in realtà, si tratta dell'assolvimento di un sacro compito che dobbiamo onorare. Oltre a essere dei buoni genitori, infatti, siamo prima di tutto chiamati a essere genitori di noi stessi, a realizzare il nostro progetto di vita, a trovare la nostra strada, a maturare le competenze necessarie per il raggiungimento della nostra serenità e della nostra felicità individuali.

Allenati

Nessuno di noi è nato "imparato". Anche se essere un ottimo genitore è nelle nostre corde o un'abilità già pronta a sbocciare dentro di noi, dobbiamo metterla in pratica per far venire a galla queste nostre competenze naturali. Quindi, proprio come faresti per i muscoli se fossi in palestra, allenati: metti tutti i giorni in pratica delle azioni che ti avvicinano sempre più ai bisogni di tuo figlio. All'inizio si fatica, manca il fiato, ci si sente doloranti, svogliati, senza entusiasmo. Ma se si persevera superando le difficoltà del momento, il risultato è un corpo sano e scolpito. È così anche per la relazione con tuo figlio: puoi costruire un rapporto solido, fatto di stima, comprensione e fiducia che dura nel tempo.

"Sì, ma da dove comincio?"

Come di sicuro immagini, è impensabile riuscire a mettere subito in pratica tutti i suggerimenti che hai letto in questo libro e vederti trasmutato all'istante insieme a tuo figlio come per effetto della bacchetta magica.

Di una cosa però siamo certi: se decidi di non mollare, se con calma e perseveranza ti dedichi a mettere in pratica tutti i giorni un pezzetto di insegnamento alla volta, se insisti senza mai perdere la gioia e la fiducia, succederà anche a te quello che è capitato a noi e che abbiamo impiegato un intero libro a trasmetterti.

Te lo ripetiamo ancora una volta: non puoi pensare di fare tutto subito. La fretta è nemica del risultato, soprattutto se vuoi che duri nel tempo. Il modo migliore per cominciare è procedere lentamente, a piccoli passi, seguendo i tuoi ritmi. Eccoti allora qualche suggerimento utile da cui partire prima di iniziare a mettere in pratica tutto quello che hai imparato finora.

Mettiti per qualche giorno al primo posto

Dimentica i suggerimenti sui capricci, lascia tutto com'è: per prima cosa impegnati a migliorare la qualità della tua vita e a recuperare energie preziose. Per esempio, dedica un po' di tempo a una tua passione o al riposo (non dirci che non hai tempo: siamo assolutamente sicuri che dieci minuti al giorno, se davvero lo vuoi, riesci a recuperarli). Ogni tanto mettiti nell'ottica di tornare a casa un po' più tardi dal lavoro e passa mezz'oretta a chiacchierare con un amico o un'amica, vai a correre, ascolta un po' di musica, esci a cena con tuo marito o con tua moglie lasciando il bambino a qualcuno (una volta in più non succede niente...) ecc. Fai una di queste cose tutti i giorni per qualche tempo. In breve ti accorgerai di sentirti meglio, di avere molte più energie e più ottimismo. Ora sei pronto per il passo successivo.

Allenati a mantenere la calma

Invece di sprecare risorse preziose arrabbiandoti, ti suggeriamo di utilizzarle per allenarti a comprendere la sua vera motivazione profonda (che può variare a seconda dei casi e delle circostanze, come hai visto leggendo il libro). Per qualche giorno limitati a fare dei respiri profondi, a non identificarti e a chiederti: "Perché fa così?". È tutta una questione di allenamento: all'inizio, per non cadere nella trappola dell'identificazione, sarà più facile se penserai a lui come al figlio di una amica o di una vicina di casa (ti aiuta a non entrare in ansia, a non caricarti di eccessive responsabilità, paure, giudizi e sensi di colpa di fronte ai tuoi eventuali errori).

Continua ad allenarti così per un paio di settimane: prima di arrivare a un risultato ottimale potrebbe volerci di più, a seconda di quanto ti eserciti e di come lo fai. All'inizio non sarà facile individuare immediatamente la motivazione profonda, ma questa tecnica ti aiuterà a creare le basi giuste per riuscire a farlo più avanti, una volta che avrai raggiunto maggiore dimestichezza.

Fai pratica

Una volta che sarai già allenato sul punto precedente, inizia a mettere in pratica l'anticipo del bisogno, la danza del sì e gli altri consigli che ti abbiamo dato. Fallo anche se non sei ancora espertissimo sull'individuazione della motivazione profonda: è importante per iniziare a modificare la vostra relazione. Sforzati di rendere queste tecniche parte della vostra vita quotidiana. Più le metterai in pratica, più tuo figlio ne sentirà i benefici; non solo, per te diventeranno un'abitudine e riuscirai a smorzare le tue eventuali rigidità e le credenze che ti hanno limitato finora. Ogni tanto metti in pratica questi suggerimenti anche con te stesso: così ti sarà più facile farlo con tuo figlio ed entrare in empatia con lui.

Con calma, giorno per giorno, integra tutti questi insegnamenti mettendo in pratica a seconda dei casi le 12 sfingi per risolvere qualsiasi tipo di capriccio.

E PER CONCLUDERE...
UN BEL DOLCE!

Risolvere i capricci in modo efficace è come preparare un ottimo tiramisù.

Per un ottimo tiramisù hai bisogno dei biscotti, di una dolcissima crema e di qualcosa di forte che spezzi il gusto come il caffè, il caffè d'orzo, il succo d'arancia o la menta. Queste fragranze, pur opponendosi al sapore dolce della crema, sanno creare quel gusto unico che lo rende un dessert irresistibile per molti. Strato dopo strato, puoi creare un manicaretto semplice e al tempo stesso squisito che, se sei amante dei dolci, non smetteresti mai di gustarlo.

Con i capricci è un po' la stessa cosa.

Se sei un vero amante dei bambini, puoi godere di ogni momento che trascorri con loro, puoi creare una magica alchimia, instaurare una complicità unica che rende tutto più facile e che potrebbe addirittura farti venire voglia di risolvere i capricci e renderti invincibile anche davanti alle prove più dure ed estenuanti.

Come si fa? Strato dopo strato, proprio come con il tiramisù!

Anche nel caso dei capricci hai bisogno di una componente solida (i biscotti), di una dolce e morbida crema che amalgami il tutto e di un gusto forte che dia quel *quid* in più per ottenere il risultato finale desiderato.

Nel nostro caso, la parte solida la puoi creare con l'*impegno*, la *fermezza* e la *costanza*.

La parte cremosa e zuccherina te la daranno la *disponibilità*, la *comprensione della motivazione*, la *dolcezza*, l'*assenza di reazioni*.

Infine hai bisogno, anche per i capricci, di qualcosa che "spezzi", che magari non penseresti mai di aggiungere e invece fa la differenza: *smetterla di considerarli capricci*, di pensare che i bambini possano avere una mente machiavellica o pensieri così manipolatori nei confronti degli adulti (e in particolare dei genitori) da voler mettere a dura prova e di proposito la tua pazienza.

Ogni buon tiramisù che si rispetti finisce con una bella spolverata di cacao. Nel nostro caso qual è la spolverata finale capace di dare quel tocco in più? Qual è quella cosa che da un lato amalgama tutti gli ingredienti e dall'altro crea un effetto sorpresa rendendo il tuo dessert semplicemente perfetto?

Un modo nuovo ma in realtà vecchio come il mondo di concepire la natura dei bambini. Se anche tu hai la *volontà* e l'*umiltà di metterti in discussione*, di modificare il tuo modo di fare e di pensare, di abbandonare false credenze del tutto inutili e di osservare di più tuo figlio, di *lasciarti guidare dal suo sguardo* e dalle sue parole, lui sarà un bambino più felice e tu, con molto poco, un adulto decisamente migliore.

RINGRAZIAMENTI
(A CHI LI MERITA VERAMENTE)

Grazie a tutti i bambini perché attraverso quei comportamenti definiti erroneamente capricci cercate di mostrare a mamma e a papà la vostra natura e i vostri bisogni emotivi.

Grazie a tutti i bambini perché siete una scuola meravigliosa di vita e un libretto di istruzioni perfetto che ci dice come avete bisogno di essere cresciuti: nella gioia, nella felicità e in armonia.

Grazie a tutti i bambini perché siete il futuro del mondo, perché ci date la possibilità di guardarci dentro, di prendere coscienza dei nostri condizionamenti, dei nostri lati oscuri e di tutti gli scheletri che abbiamo nell'armadio, e perché ci date l'enorme opportunità di risolverli e diventare adulti migliori e più sereni.

Grazie a tutti i bambini perché siete dei VERI, AUTENTICI E SUPREMI MAESTRI; e soprattutto perché non smettete mai di esserlo!

PRIMA DI SALUTARCI...

VOGLIAMO CHE TU STIA BENE.
NON SOLO PERCHÉ QUESTO FA STARE BENE TUO FIGLIO, MA PERCHÉ ANCHE TU SEI IMPORTANTE.

TUO FIGLIO È TUO FIGLIO E TU SEI TU.

UN GIORNO DIVENTERÀ GRANDE, ANDRÀ PER LA SUA STRADA E TU TI RITROVERAI ALLE PRESE CON TE STESSO. POTRAI SENTIRTI FELICE DEL TUO PASSATO O, AL CONTRARIO, FRUSTRATO PERCHÉ NON SEI RIUSCITO A OTTENERE IL MEGLIO DAL RAPPORTO CON LUI.

QUESTO NON CE LO POSSIAMO PERMETTERE.

PUNTARE AL MASSIMO VALE LA GIOIA (NON SOLO LA PENA).

PER RIDIMENSIONARE I NOSTRI OBIETTIVI E LE NOSTRE SPERANZE C'È SEMPRE TEMPO.

RICORDA: I FIGLI NON SCELGONO MAI GENITORI INFERIORI ALLE LORO ASPETTATIVE.

DENTRO DI TE HAI GIÀ TUTTO CIÒ CHE SERVE PER DIMOSTRARTI ALL'ALTEZZA DI CIÒ CHE TUO FIGLIO TI CHIEDE PER CRESCERE.

C'È UN REGALO PER TE

Nel video di approfondimento *Smettila di fare i capricci* scoprirai come cavartela in molte altre situazioni, per esempio...

- Cosa fare se tuo figlio dice sempre: "È mio!".
- Cosa fare se tuo figlio non vuole prestare i giocattoli.
- Cosa fare se tuo figlio è oppositivo e dice sempre: "No!".
- Come dirgli di no e dargli dei limiti evitando capricci.
- Cosa puoi fare se ti picchia.
- E se non vuole spegnere iPod, Nintendo e computer?
- E se fa i capricci per entrare a scuola?
- E se ti dice che comandi sempre tu?

Inoltre approfondiremo insieme:

- Le linee guida per risolvere i capricci
- Le difficoltà più comuni che puoi incontrare
- Alcuni suggerimenti pratici dalla nostra esperienza

Se sei interessato a ricevere il video di approfondimento in regalo (+ la versione audio MP3 da ascoltare ovunque sei) visita questa pagina

www.bimbiveri.it/smettila-di-fare-i-capricci/

e inserisci la password: **bimbivericapricci**

Per qualsiasi informazione scrivi a **info@bimbiveri.it** o vai sul sito **www.bimbiveri.it**

Mondadori Libri S.p.A.

Questo volume è stato stampato
presso ELCOGRAF S.p.A.
Stabilimento - Cles (TN)

Stampato in Italia - Printed in Italy